EVA MATZKE
JÖRG KREBBER
SUSANNE PEROUTKA
SABINE KNOLL

GENUSS OHNE REUE

Iss Dich gesund mit den Fünf Elementen

Schmackhafte Rezepte – schnell und einfach

WuWei
VERLAG

Die Fünf Elemente

FEUER

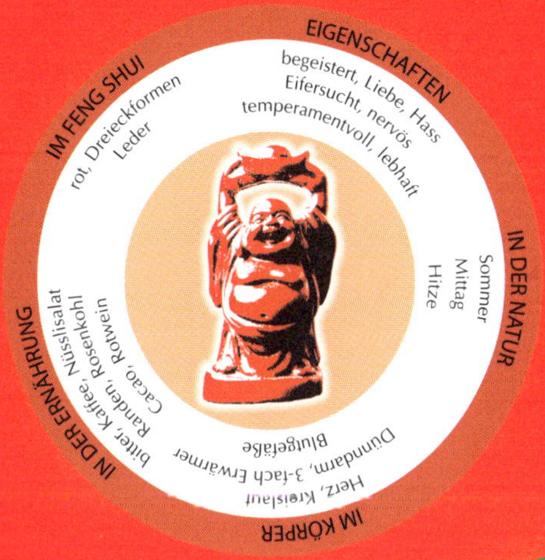

WASSER

HOLZ

METALL

ERDE

Inhalt

ein gesunder mensch muss nicht entschlacken.
er sollte einfach keine schlacke essen!
wer kein gift isst, muss auch nicht entgiften!

Vorwort

Ernährung braucht Visionen. Nicht die 100. Diät, nicht das 97. Programm, das alle über einen Kamm schert. Ernährung braucht individuelle Möglichkeiten und Lösungen. Die 5-Elemente-Ernährung ist so ein Weg. Wenn Nahrung Medizin sein soll, uns nähren, gesund machen und erhalten, müssen wir sie auf individuelle Bedürfnisse abstimmen können, je nach Konstitution und Geschmack. Dann kann uns Gesundes wohl tun und außerdem auch noch gut schmecken!

Wir möchten Sie mit diesem Rezeptbuch in eine neue Welt verlocken, die eine Welt des Genusses ist, in eine Welt, in der Lebensmittel tatsächlich noch Mittel des Lebens sind und nicht nur leere Kalorien. Frische Nahrung, auch frisch zubereitet, kann außerdem noch schnell gehen und uns nicht den ganzen Tag in der Küche fesseln. Wir haben dafür eine Menge Tipps.

Was Sie hier auf den nächsten Seiten lesen, sind unsere Ernährungsvisionen für eine neue Zeit. Bauen wir einen Tempel für unsere Seele, in dem sie sich gerne aufhält.

„Du bist was du isst", heißt der altbekannte Satz. Denn was wir zu uns nehmen, wird zu einem Teil von uns – bis in die kleinste Zelle. Nahrung, die nährt, die Lebenskraft spendet, Freude und Genuss, aber auch energetische Ausgewogenheit – das ist es, was wir Ihnen auf den nächsten Seiten weitergeben möchten.

Mahlzeit & Guten Appetit!

Iss Dich gesund mit den 5 Elementen

von Sabine Knoll

Wie es zu diesem Buch kam

Als ich zur 5-Elemente-Ernährung kam, war ich gerade dabei, meine Sonnenallergie einzukreisen. Durch meine journalistische Arbeit traf ich Susanne Peroutka. Seit den 70er-Jahren führte sie ihr beruflicher Weg immer wieder nach Asien, wo sie von der asiatischen Kultur wohltuend berührt und von der Lebensweise bald im positivsten Sinne „infiziert" war. Sie absolvierte Kurse und Ausbildungen in Deutschland und Österreich über die 5-Elemente-Ernährung und studierte zur Vertiefung in China an der Universität von Chengdu. Dort lernte sie auch therapeutisches Kochen mit Kräutern kennen und praktizierte an der Universitätsklinik. Darüber hinaus erweitert sie laufend ihr Wissen bei TCM-ExpertInnen in Österreich, der Schweiz und in Deutschland. Sie praktiziert seit 1994 in ihrer 5-Elemente-Ernährungsberatungspraxis in Wien. Mit ihrem Wissen unterstützte sie die Therapie krebskranker Patienten am Allgemeinen Krankenhaus in Wien. An der „Wiener Schule für TCM" leitet sie seit einigen Jahren die Ausbildungsabteilung „TCM-Ernährungslehre / Ernährung nach den 5 Elementen". Darüber hinaus zählt sie zu den ReferentInnen für TCM an der niederösterreichischen Donau-Universität Krems.

Etliche Jahre der Zusammenarbeit später – meine Sonnenallergie war inzwischen verschwunden – boten wir Isabella Sonntag und ihrem Wu-Wei-Verlag die Idee zu einem Kochbuch an, das den reichen Erfahrungsschatz von Susanne weitergeben sollte. Wie der „Zufall" es wollte, plante Isabella gerade mit Jörg Krebber und Eva Matzke ein Rezeptbuch als Nachfolgeband für „Abenteuer Gesundheit" (ISBN 3-930953-11-0), in dem Jörg seine Ernährungsphilosophie und Geschichte beschrieben hatte, und brachte uns zusammen. Das Ergebnis dieser Teamarbeit haben Sie nun in Buchform vor sich, was uns alle sehr freut!

Das Praktikable und Schöne an der 5-Elemente-Ernährung ist für mich, dass sie alle Möglichkeiten offen lässt, mir mein maßgeschneidertes, gesundes Menü zu zaubern. Durch die Bestandsaufnahme im Rahmen der Ernährungsberatung weiß ich, worauf ich achten muss, wo mein Ungleichgewicht liegt, was sich in meinem Körper wie auswirkt und wie ich dies mit meiner Ernährung ausgleichen kann. Die Ernährungsberatung besteht unter anderem aus Befragung, Puls- und Zungendiagnose – diese drei Bausteine (Anamnese) sind wesentliche Bestandteile der TCM und aller anderen fernöstlichen Heilsysteme.

Jörg Krebber schöpft seinen Erfahrungsschatz aus elf Jahren in Japan, Nepal, Tibet, Indien und Sri Lanka, wodurch manchmal kleine Unterschiede in der Philosophie und in der Zuordnung zu den Elementen auftreten können. Im Wesentlichen herrscht aber Einigkeit: Nahrung ist auch Medizin und kann unseren Körper unterstützen, heil zu werden und zu bleiben. Das beweist unter anderem Jörgs persönliche Geschichte, die ihn durch schwere Krankheit auf seinen Weg der Gesundheit gebracht hat.

Medizin muss jedoch nicht bitter sein. Wir wollen mit dem Thema Essen Lebenslust und Sinnlichkeit in Verbindung bringen: Essen ohne schlechtes Gewissen und Reue. Die 5-Elemente-Küche ist individuell, undogmatisch, energie- und freudvoll, das ist das Schöne an ihr. Medizin, die gut schmeckt.

Die 5 Elemente, Yin & Yang

Auch ohne genaue TCM-Beratung können sich halbwegs gesunde Menschen mit der 5-Elemente-Ernährung durchaus Gutes tun, wenn sie ein paar grundlegende Dinge, wie etwa die Philosophie der 5 Elemente und des Yin & Yang, begreifen. In China spricht man nicht von den 5 Elementen, sondern von den 5 Wandlungsphasen und teilt die Welt in Holz, Feuer, Erde, Metall und Wasser ein. Alles, was existiert, ist einem dieser Elemente zugeordnet. Dazu kommt die Philosophie von Yin und Yang als polare Kräfte, die ineinander fließen, einander unterstützen und in Balance zu halten sind. Gesundheit nach Auffassung der TCM ist ein Gleichgewicht von Körper, Seele und Geist.

du kannst nicht wählen,
wie du stirbst oder wann.
aber du kannst bestimmen,
wie du lebst!
jetzt !

Die Farbe des Holzes ist Grün.

Der Frühling wird dem Holzelement zugeordnet. Zu ihm zählt auch die Kindheit, der Frühling des Lebens. Die jungen Kräfte sprießen, es ist die Zeit der Sprossen und der Entgiftung, in der auch Leber und Gallenblase – die dem Holzelement zugeordneten Organe – besonders gut auf Entschlackungskuren ansprechen. Zu den Emotionen des Holzelementes zählen im negativen Sinn Zorn, Wut und Frust, die Leber und Gallenblase schwächen können oder der Ausdruck eines Ungleichgewichts im Holzelement sind. Leidet die Leber durch diese destruktiven Emotionen zu sehr, kann das Qi, die Energie, ins Stocken geraten und mit ihr auch das Blut. Die Folge sind häufig nicht genau diagnostizierbare Schmerzen und Symptome wie etwa Kopfschmerzen und PMS oder auch eine Unterversorgung der Extremitäten, um nur einige zu nennen.

Durch eine Ernährung, die das jeweilige Element stärkt, können die zugeordneten Organe unterstützt und sogar das Gefühlsleben wieder mehr ins Gleichgewicht gebracht werden. Ziel ist zum Beispiel, dass sich die Wut in Toleranz und Großzügigkeit wandelt, die erlösten Formen der Emotionen des Holzelements. Umwandeln lassen sich die Schattengefühle des Holzes auch durch Geduld und Gelassenheit.

Die Geschmacksrichtung des Holzes ist der saure Geschmack, der zusammenziehend wirkt und die Säfte des Körpers bewahrt. Deshalb sind z. B. während Entschlackungskuren saure, zusammenziehende Lebensmittel wie Früchtetee, Malventee, Zitronenlimonade oder Orangensaft nicht angesagt. Sie verhindern eher das Entschlacken.

Die Farbe des Feuers ist Rot.

Dem Feuerelement ist die Zeit des Sommers zugeordnet sowie die Jugend und Pubertät. Feuer flackert auf und lodert, ist aber nicht zu verwechseln mit Yang, das unter anderem für Hitze steht. Das Yang erreicht allerdings seinen Höhepunkt zur Zeit der Sommersonnenwende am 21. Juni. Zum Feuerelement zählen die Organe Herz und Dünndarm, der bittere Geschmack, der ausleitet, also hilft zu entgiften. Die Emotion der Begierde kann das Feuerelement ebenso schwächen, wie zu viel Stress und Computerarbeit. Die erlösten Formen der Feuer-Emotionen sind Freude und Intuition.

Der Weg dorthin führt auch über das Bemühen um Geistesfrieden und Selbstwahrnehmung, sagt die chinesische Philosophie.

Die Farbe der Erde ist Gelb.

Das Erdelement ist das Element der Übergangszeiten und des Spätsommers sowie der Lebensmitte des Menschen. In China teilt man das Jahr in fünf Jahreszeiten und dazwischen in die Übergangs- oder Dojo-Zeiten ein. Der Frühling beginnt hier bereits am 14. Februar, an unserem Valentinstag, und dauert 72 Tage lang, danach kommt eine Dojo-Zeit von 18 Tagen vor dem Sommer usw. Das Erdelement ist das verbindende Element und nährt alle anderen Elemente. Der Erde werden die Organe Magen, Milz und Bauchspeicheldrüse zugeordnet, die Mitte des Menschen. Der süße Geschmack der Erde baut Energie auf und nährt die Mitte, wobei damit aber nicht Süßigkeiten gemeint sind, sondern zum Beispiel Getreide, Sojaprodukte, Nüsse, Samen, gekochte Karotten und andere süße Gemüsesorten sowie süße reife Früchte. Süßes wirkt entspannend und harmonisierend.

Was das Erdelement schwächt, ist grübeln und sich sorgen. Auch hier kann die Ernährung helfen, den Emotionen entgegenzusteuern. In der erlösten Form werden sie zu Vernunft und Stabilität. Der Weg dorthin führt auch über die Ausrichtung der Aufmerksamkeit auf ein Ziel.

Zu viel Kaffee, Zigaretten, minderwertiges Essen, fasten, hungern oder Mahlzeiten auslassen schwächen das Erdelement. Dadurch kann es zu einem Mangel an Energie (Qi), Blutmangel und in weiterer Folge zu Ungleichgewicht und Krankheiten kommen.

Die Farbe des Metalls ist Weiß oder Silber.

Dem Metallelement wird der Herbst zugeordnet, dazu zählt auch der Herbst des Lebens. Sein Geschmack ist scharf und kann die Energie (das Qi) im Körper in Bewegung bringen. Scharfe Gewürze öffnen die Poren, was – in Maßen genossen – den Körper im Sommer gut durchlüftet. Zu viel Scharfes, auch wenn es erwärmt, kann in der kalten

Jahreszeit jedoch aus dem selben Grund die Erkältungsgefahr steigern. Die Organe des Metalls sind Lunge und Dickdarm, die auch durch die Emotion der Trauer und Zukunftsangst geschwächt werden können. Zur Lunge zählt auch die Haut – und damit fallen Allergien, die sich über die Haut ausdrücken, in das Erscheinungsbild des Metallelements. (Ur)Vertrauen und Gerechtigkeitssinn sind die erlösten Formen der metallischen Emotionen. Umwandeln lässt sich die Trauer durch Mitgefühl – für sich selbst und für andere.

Die Farbe des Wassers ist Schwarz oder Blau.

Dem Wasserelement ist die Zeit des Winters zugeordnet und das Alter. Die Organe des Wassers sind Niere, Blase und die Sexualorgane. Die Knochen gehören ebenfalls zum Wasserelement. Was die Organe des Wasserelements schwächen kann, ist die Angst als Emotion des Wassers. Erlöste Emotionen aus diesem Element sind Mut und Bescheidenheit. Der Weg dorthin führt über das Bemühen um Furchtlosigkeit und sie immer mehr zu leben.

Die Niere ist, laut TCM, auch der Sitz der Willenskraft und kann durch mutige Taten gestärkt werden. Der Geschmack des Wasserelements ist salzig und wirkt aufweichend im Körper. Auch hier gilt, wie umgekehrt beim Feuer: Yin, das unter anderem für Kälte steht, ist nicht gleichbedeutend mit dem Wasserelement, dessen Farbe Blau oder Schwarz ist.

Yin & Yang

Yin & Yang sind gleichbedeutend mit Substanz und Energie (Qi). Dem Yin, der „weiblichen" Hälfte der Polarität, die auch ein bisschen Yang in sich trägt, werden zum Beispiel dunkel, kalt, Nacht, Ruhe, Mond und Schatten zugeordnet. Es ist die „im Schatten liegende Seite des Hügels". Yang, der „männlichen" Hälfte, die auch ein bisschen Yin in sich trägt, entsprechen die Eigenschaften hell, warm, der Tag, Aktivität, Sonne und Licht. Es ist die „in der Sonne liegende Seite des Hügels". Licht und dunkel werden dabei nicht bewertet, sondern sind nur zwei verschiedene Erscheinungsformen des Lebens. Yin-Mangel kann z. B. zu Trockenheit, Auszehrung, Nachtschweiß und weniger Belastbarkeit führen. Er kann sich auch in Form von roten Flecken im Gesicht bzw. auf Hals und Dekolletee bemerkbar machen.

Zu viel Yin hat Feuchtigkeitsansammlungen und Verschleimung des Körpers zur Folge. Dazu zählen Cellulite, Wasser in den Beinen und Übergewicht. Auch Niedergeschlagenheit oder depressive Verstimmung kann eine Folge von zu viel Yin sein.

Yang-Mangel macht sich oft als Antriebslosigkeit und Konzentrationsschwäche bemerkbar, und kann sich zu starkem Kälteempfinden und bis zur Erschöpfung steigern.

Zu viel Yang äußert sich z. B. in großem Hitzeempfinden, Zornausbrüchen und roter Gesichtsfarbe.

Notwendig ist sowohl Yin als auch Yang und vor allem das Gleichgewicht der beiden. Bekannt ist die Darstellung von Yin und Yang auch durch das Tai Qi-Symbol und seine in einander fließenden weißen und schwarzen Hälften eines Kreises, die jeweils einen Punkt der anderen Farbe in sich enthalten.

Yinisierend sind alle wässrigen Kochmethoden, z. B. Blanchieren, Dünsten, mit Flüssigkeiten kochen sowie das Würzen mit frischen saftigen Kräutern.

Yangisierende Kochmethoden sind Rösten, Grillen, Braten und Würzen mit Gewürzen, die der thermischen Wirkung „heiß“ und „warm“ zugeordnet sind, egal aus welchem Element.

Kochen nach den 5 Elementen

Nach den 5 Elementen oder Wandlungsphasen zu kochen ist in China noch Allgemeinwissen. Ernährungstabellen mit der Zuordnung von Lebensmitteln zu den Elementen, wie sie im Westen existieren, wird man dort nicht finden. Trotzdem entstehen Gerichte intuitiv meist im sogenannten „Fütterungszyklus", den man auch noch häufig in alten „Großmutterrezepten" aus dem Westen entdeckt und der mit der Reihenfolge der Zutaten zusammenhängt.

„Fütterungszyklus" bedeutet: Ein Element nährt das nächste. Holz nährt das Feuer, aus Feuer und ihrer Asche entsteht die Erde, die Erde mit ihren Mineralien nährt das Metall und Metall wiederum das Wasser. Aus diesem Grund können die Zutaten, in dieser Reihenfolge verwendet, das Essen besonders energetisieren und obendrein schmackhafter machen, wie „Vergleichszubereitungen" mit und ohne Beachtung des Fütterungszyklus gezeigt haben. Einen Schritt in der Elemente-Reihenfolge zurückzugehen ist erlaubt, wenn man z. B. eine Zutat vergessen hat. Es sollte danach jedoch kein Element übersprungen werden. Also hat man z. B. den Pfeffer vergessen und schon gesalzen, wird er nach dem Salz dazugegeben, anschließend aber noch ein klein wenig gesalzen.

In den Rezepten von Susanne Peroutka wurde der Fütterungszyklus beachtet, Jörg Krebber und Eva Matzke stehen hingegen für intuitives Kochen. Die Reihenfolge der Zutaten ist für sie nicht so bedeutend, sehr wohl aber auch, dass alle Gerichte die fünf Elemente enthalten. Kreativ und intuitiv können auch die Rezepte von Susanne Peroutka sein, wenn man Nahrungsmittel aus einem Element durch andere der selben Geschmacksrichtung ersetzt, z. B. Knoblauch durch frischen Ingwer, je nach Vorliebe und Vorrat. Das Element am Ende des Fütterungszyklus ist entscheidend dafür, welche Organe durch das Essen genährt und unterstützt werden. Der letzte Geschmack, der bei den Zutaten hinzu kommt, ist der „Botschaftsgeschmack". Er adressiert die Energie und bestimmt somit auch die Wirkung des Gerichts mit. Insofern möchten wir Ihnen ans Herz legen, die Rezepte von Susanne Peroutka – die mit einer Österreich-Flagge gekennzeichnet sind – auch tatsächlich in dieser vielleicht unorthodoxen Reihenfolge der Zutaten nachzukochen.

Wichtig, um ein energetisch hochwertiges Gericht zuzubereiten, ist jedoch auch die innere Haltung des Kochs oder der Köchin. Achtsam und meditativ zu kochen, in Ruhe und Konzentriertheit und vor allem mit Liebe ist ein wesentlicher Faktor der 5-Elemente-Küche.

Kochen im Jahresverlauf & die thermische Wirkung der Nahrung

Wer isst, was gerade regional wächst, liegt immer richtig. Denn die Natur weiß, was wir brauchen. Leider haben wir das oft vergessen. Der Supermarkt bietet uns ganzjährig alles, was auf Gottes Erden wächst, wenn auch nicht in heimischen Gefilden. Doch „Mutter Natur" hat ihre Logik, und so sprießt alles, was wächst, genau dort, wo die Menschen speziell diese Nahrungsmittel und ihre Wirkungsweise brauchen und alles immer zum richtigen Zeitpunkt. Orangen z. B. wachsen im Süden, wo sie den Organismus kühlen sollen. Unmengen von Orangensaft im Winter zu trinken, in der Absicht, uns mit Vitamin C zu versorgen, führt deshalb manchmal eher zu Erkältungen, als dass es sie vermeiden hilft. Vitamin C aus Hagebutten, Sanddorn oder heimischem Kohlgemüse etwa deckt den Bedarf viel besser und geht auch beim schonenden Kochen von Kohl oder Kraut nicht verloren. Abgesehen davon, dass im Süden aus Transportgründen unreif geerntetes Obst und Gemüse die Vitaminproduktion bereits zum Erntezeitpunkt einstellt.

Neben den fünf Wandlungsphasen oder Elementen ordnet man in China alle Lebensmittel auch einer der fünf thermischen Wirkungsweisen zu, die Auskunft darüber geben, wie sich die Nahrung im Körper auswirkt: heiß, warm, neutral, erfrischend und kalt, je nachdem wie viel Yin oder Yang die Zutaten enthalten. Heiße und kalte – das heißt thermisch erhitzende und kühlende Nahrungsmittel – sollten nur in kleinen Mengen gegessen, therapeutisch eingesetzt oder ausgleichend zur heißen bzw. kalten Jahreszeit verwendet werden. Kalt sind z. B. Tomaten, Gurken, Melonen oder Mineralwasser. Sie helfen im Hochsommer, den Organismus zu kühlen. Heiß sind getrockneter Ingwer, Chili, Curry, Knoblauch oder Yogitee, zuweilen eine Wohltat bei klirrender Winterkälte . Der Großteil der Nahrung sollte sich aus wärmenden, neutralen und erfrischenden Zutaten zusammensetzen – je nach Jahreszeit und Witterung mehr aus dem warmen oder mehr aus dem erfrischenden Bereich. Unsere Rezepte wurden im Jahresverlauf auf die richtigen Zutaten und Wirkungsweisen abgestimmt. Wenn Sie uns kochend durch das Jahr und die fünf Wandlungsphasen begleiten, kann also nichts schief gehen.

Thermisch heiße – erhitzende – Nahrungsmittel vertreiben Kälte aus dem Körper, erhitzen ihn aber auch stark. Wer leicht schwitzt oder wessen Blut schnell in Wallung gerät, wäre gut beraten, erhitzende Nahrungsmittel sparsam zu verwenden. Dazu zählen z. B. auch Gegrilltes und Schnäpse.

Warme – erwärmende – Nahrungsmittel wärmen und unterstützen das Qi, die Energie im Körper.

Neutrale Nahrungsmittel harmonisieren und bauen Energie (Qi) auf.

Erfrischende Nahrungsmittel kühlen den Körper leicht ab und bauen die kostbaren Säfte auf. Dazu zählen u. a. das Blut, die Lymphflüssigkeit, Gelenks- und Gehirnflüssigkeit sowie die Tränenflüssigkeit.

Kalte – kühlende – Nahrungsmittel vertreiben Hitze aus dem Körper, kühlen ihn aber auch stark ab. Wer leicht friert, sollte z. B. zu viel Rohkost, Joghurt oder Südfrüchte vermeiden. Rohe Nahrung – dazu zählen auch frisch gepresste Obst- und Gemüsesäfte – muss vom Körper erst auf „Betriebstemperatur" angewärmt werden, um sie überhaupt verdauen zu können. Das kostet eine Menge Energie, die dann speziell im Winter nicht für die Erwärmung des Körpers zur Verfügung steht, was zu noch mehr Kälteempfinden und Verkühlungsgefahr führt.

Eine thermisch ausgewogene Ernährung, die auch alle fünf Elemente enthält und köstlich schmeckt fördert die Lebensfreude und unterstützt Gesundheit und Wohlbefinden.

SONNENTOR
Natur für die Sinne.

Die 13 häufigsten Fragen...

Jörg Krebber und Eva Matzke halten im gesamten deutschsprachigen Raum Workshops und Koch-Seminare sowie Ernährungsvorträge – hier die wichtigsten 13 Fragen der Seminarteilnehmer:

1. Wie kann ich sicher sein, dass BIO wirklich BIO ist und die Sojaprodukte nicht genmanipuliert sind?

Wenn Sie Produkte im Bioladen kaufen mit dem Siegel: „kontrolliert-biologisch", dann können Sie sicher sein, dass es echt BIO ohne Genmanipulation ist. Allerdings ist es wichtig, darauf zu achten, dass diese beiden Worte zusammen genannt sind! Die Kontrolleure dafür sind die großen, ganz normalen Supermarktketten – ihnen wäre nichts lieber, als den Bioläden nachweisen zu können, dass sie nicht halten, was sie versprechen. So kontrollieren die großen Fische die kleinen.

2. Woher soll ich jetzt meine Vitamine beziehen, wenn Obst nicht mehr so sehr auf meinen Speisezettel gehört?

Selbst in ernährungswissenschaftlichen Tabellen ist nachzulesen, dass Gemüse wesentlich mehr Vitamine enthält (auch Vitamin C!) als Obst. Voraussetzung ist nur, dass Gemüse gedämpft wird und nicht in Wasser gekocht! Zu hoher Obstverzehr macht thermisch kalt – und schwächt den Organismus, weil wegen des Fruchtzuckers viel Insulin vom Körper produziert werden muss. Fruchtzucker wird in Fettsäuren abgebaut! Test: Gib Zucker in eine heiße Pfanne – was entsteht ist Fett! Das ist der Grund dafür, warum Frauen, die viel Obst essen, es schwer haben, sich von Cellulite zu befreien.

3. Wie soll ich es schaffen, auf all die liebgewonnenen Ernährungsgewohnheiten zu verzichten?

In Wahrheit gibt es keinen Verzicht – es ist lediglich so, dass durch konsequent richtiges Ernährungsverhalten das Bankkonto aufgebaut wird, damit es hinterher etwas gibt, das man abheben kann: für Kaffee trinken, Obst und Kuchen essen etc.. Wir behandeln also den Körper mit Nahrung so vor, dass Sünden endlich erlaubt sind! (Siehe hierzu auch das Büchlein "Handbuch zur Sünde" – ISBN 3-930953-15-3)

4. Wie soll ich alles zu Hause umsetzen? Ich glaube nicht, dass mein Mann auf Wurst und Fleisch verzichten kann.

Es geht gar nicht darum, dass Sie Ihrem Mann etwas erklären müssten! Wenn Sie davon überzeugt sind, dass Sie diese Form der Ernährung ausprobieren möchten, dann tun Sie es für sich! Da Liebe durch den Magen geht, servieren Sie einfach mit viel Liebe dieses neue Essen und Ihr Mann wird sich ziemlich sicher geschmeichelt fühlen, dass er eine Frau hat, die sich um Nahrung als Medizin kümmert! Wer tut das schon? Es ist wahrhaftig eine Rarität, dass Frauen sich nicht nur danach richten, was schnell geht, sondern wie es wirklich gesund geht...

5. Ich reise viel – wie soll ich da die neue Art der Ernährung umsetzen?

Die wichtigste Reisevorbereitung ist die Deckung des Eiweißbedarfs! Also braten Sie sich Tofuscheiben, die Sie beliebig auf Semmeln essen können. Wenn der Eiweißbedarf gedeckt ist, folgt kein Heißhunger auf Süßes oder Käse oder Wurst. Wenn der Hunger schon da ist, ist es zum Nachdenken zu spät. In jedem wichtigen Business denkt man vorher nach, was zu tun ist, warum nicht beim Essen? Also decken Sie sich mit gutem Eiweiß ein und alles ist halb so wild.

6. Was soll ich bei Freunden essen oder im Restaurant?

Ist doch gar kein Problem, wenn man den Rest der Zeit gut sein Konto aufgestockt hat, kann man erstens auch mal sündigen und zweitens gibt es meist etwas, das man essen kann: Spaghetti, Fisch, andere Nudelgerichte, Gemüse etc..

7. Und wenn meine Kinder zum Kindergeburtstag eingeladen sind?

Dann kann man sie vorher mit viel Reissirup und eiweißhaltigen Produkten sättigen, so dass sie keine Lust mehr auf weißen Zucker oder sonstigen Essensmüll haben.

8. Was kann ich tun, wenn ich den Anflug einer Erkältung bemerke?

Hier empfiehlt es sich, dem Kukicha-Tee etwas Ume-Paste (1/2 EL auf 1 Liter) zuzugeben. Das erhöht die Hitze im Körper, das Immunsystem wird angekurbelt und macht den Tee noch basischer.

9. Wie kann ich am besten den pH-Wert im positiven Bereich von 7,4 halten?

Wer konsequent den Kukicha-Tee und danach den Druidentrank zu sich nimmt, kann zusehen, wie der pH-Wert steigt. Das Hinzufügen von Ume-Paste in dem Tee oder dem Druidentrank erhöht diesen Effekt noch.

10. Kann ich mir die Bio-Qualität und all die teueren Zutaten für diese 5-Elemente Küche auf Dauer überhaupt leisten?

Diese Art der Ernährung bringt mehr Qualität in Verbindung mit einer längeren Haltbarkeit und geringerer Quantität mit sich – unterm Strich ist diese Art der Ernährung nicht teuerer. Verzeihen Sie – aber wer glaubt, Gesundheit zu essen, ist ihm zu teuer, der kann ja mal probieren, ob sich Krankheit auf Dauer auszahlt – wir meinen „Nein"!

11. Ich kann mir einfach nicht vorstellen, zum Frühstück schon eine Suppe zu essen und vor allem nicht immer den Druidentrank – wie sehen die Alternativen aus?

Wir sprachen vorher schon von einem Bankkonto, das wir erst auffüllen müssen, bevor wir davon unbedenklich abheben können. Mit dem Abheben ist das Sündigen beim Essen und Trinken gemeint. Probieren Sie mal über einen längeren Zeitraum, zumindest 3 mal pro Woche, den Druidentrank (s. S. 75) – und Sie werden sich um so vieles besser fühlen (das Bankkonto auffüllen), dass Sie einfach selbst mit der Zeit spüren, wann Sie wieder diesen Powerdrink am Morgen (es reicht gegen 11 Uhr) brauchen. Mit der Zeit wechseln Sie natürlich die Suppen ab – es gibt als Variante alles, was Ihrer Phantasie Spielraum gibt: Kürbiscremesuppe, Kohlsuppe, Blumenkohlsuppe, Brokkolisuppe und viele mehr. Entscheidend bei den Suppen sind die Elektrolyte, die Sie dadurch zu sich nehmen – das heißt, die wichtigsten Bestandteile sind SHOYU und INGWER und auch UMEPASTE, wenn Sie große Darmprobleme haben. Diese Suppen werden immer mit frischen Kräutern versehen und damit unterschiedlich in ihrer Geschmacksausprägung.

12. Wie soll ich denn diese Art des Kochens zeitlich schaffen?

Unsere tolle Idee: veranstalten Sie einmal pro Woche in Ihrer Küche eine Party – entweder mit der ganzen Familie oder mit Freunden. Das macht richtig Spaß und Sie können auf diese Art und Weise immer für eine Woche vorkochen!

Auf so einer Party kochen und schnipseln Sie:

Eine oder zwei Suppen – soviel, dass es eben für einige Tage reicht.

Reisflockenbrei als Nachtisch oder als Frühstücksvariante.

Tofuaufstrich am besten gleich machen – damit man die Party mit einem leckeren Baguette und etwas Rotwein beginnt.

Scrambled Tofu – eine weitere Frühstücksvariante, die man sich auch auf der Semmel ins Büro mitnehmen kann.

Eine schnelle Wokpfanne für den selben Abend und weitere Tage Salat – z.B. Sauerkraut mit Gelben Rüben.

Nachtisch, bestehend aus Apfelkompott und Kuzu-Pudding (Tipp: Das Apfelkompott lässt sich hervorragend unter den Kuzu-Pudding heben).

13. Was mach ich bei Allergien und Unverträglichkeiten?

Einfach mal unbeirrt diese Art der Küche ausprobieren und eventuell feststellen, dass sich die eine oder andere Allergie oder Unverträglichkeit in Luft auflöst!

SONNENTOR®
Natur für die Sinne.

Bevor Sie sich an die Umsetzung der Rezepte machen, sollten Sie das lesen:

Von Eva Matzke und Jörg Krebber

Das Wissen, das in der Zusammenstellung und Ausführung der Rezepte steckt, soll beim Anwender bewirken, dass sich der Stoffwechsel normalisiert. Wir wollen Säuren und Basen in einer verträglichen Form auf den Tisch bringen. Wir bringen Sie, lieber Leser, auf den Weg, sich gesund zu essen. Jede einzelne Zelle im menschlichen Organismus kennt ihre Aufgabe sehr genau und wenn wir ihr die Möglichkeit lassen, ihre Arbeit nach ihrem genetischen Programm täglich fortzusetzen, so wird sie das tun, was ihre ureigenste Absicht ist, nämlich sich zu regenerieren und perfekt zu funktionieren.

Das Frühstück

Das wirklich intelligente Frühstück ist das „flüssige Frühstück". Bevor das eigentliche Essen beginnt, sollten Sie mindestens ein oder zwei große Tassen Kukicha-Tee trinken. Der Körper verdunstet über Nacht ca. 1 Liter Flüssigkeit. Das ist einerseits ein Entgiftungsprozess, andererseits verliert der Körper aber auch wichtige Mineralstoffe. Um den Elektrolythaushalt wieder auszugleichen, ist der Kukicha-Tee mit seinen hohen Anteilen an verschiedensten Mineralstoffen das beste Mittel dafür, wieder aufzutanken. Danach sollte in einigem zeitlichen Abstand der Druidentrank folgen, da dieser Ihre Batterie sofort auflädt und Ihren pH-Wert für den Tag stabilisiert. Geben Sie immer reichlich Ingwer an diesen Trank, denn Ingwer wärmt den Organismus und stärkt das Verdauungsfeuer. Die Fettburner Shitakepilze und Sengiri-Rettich regen den Fettstoffwechsel und damit die Verdauung an. Mit dieser Ernährungsbasis, können Sie selbst eine Tasse köstlichen Kaffees am späteren Vormittag ohne Reue genießen.

Das 2. Frühstück

Eiweißzufuhr – wie Scrambled Tofu, gebratene Tofuschnitte auf einer Semmel etc., Kohlenhydrate – süßer Getreidebrei, Müsli mit Reismalz und Reismilch. In beiden Fällen begegnen wir damit dem „kleinen Hunger" und diese Art des Essens sorgt für Energiezufuhr. Alles sollte in kleiner Menge zu sich genommen werden, um den großen Hunger – das Feuerelement – für das Mittagessen zu schüren.

Das Mittagessen

Das Mittagessen sollte Kohlenhydrate, Eiweiße, Fette und Vitamine enthalten. Daher ist hier eine Kombination aus Vorspeise, Hauptgericht und Nachspeise richtig. Mittags brennt das größte Feuer, hier sollten wir also alles genießen. Wir beginnen die Zubereitung des Mittagessens mit etwas Grünem, der Entsprechung zum Holzelement, das für Leber und Galle steht. Wichtig ist, dass das Gemüse gedämpft und nicht verkocht ist; mit leichtem Biss, damit die Vitamine erhalten bleiben. Gerade Vitamin C ist in dem grünen Chlorophyll reichlich enthalten. Den höchsten Vitamin C-Gehalt haben Grünkohl, Brokkoli, Rosenkohl und Wirsing. Auf 100 g gemessen haben alle diese grünen Gemüse sehr viel mehr Vitamin C als es Obst bieten kann. Gemüse hat dazu noch einen hohen basischen Wert, den Obst nicht besitzt. Obst als Genussmittel zum Nachtisch ist eine schöne Ergänzung, aber keinesfalls ist es als Nahrungsmittel zu sehen. Zum Holzelement gehört auch noch etwas milchsäure Vergorenes wie zum Beispiel ein weißer Rettich. Auch in Japan wird Rettich als Medizin auf den Tisch gebracht. Sauer macht lustig heißt ein Sprichwort, gemeint ist hiermit die Leber, die dann gut arbeitet, weil sie das ihr zugeordnete Element bekommen hat: Chlorophyll (viel grünes Gemüse), Enzyme, Vitamine – all das, was sie braucht, um ihren komplizierten Stoffwechselprozess durchzuführen.

An zweiter Stelle steht das Feuerelement, mit der Entsprechung Dünndarm und Herz. Das bedeutet für die Küche nun etwas in der Pfanne Gebratenes. Das kann ein kleines Stück Fisch sein, besser natürlich Tofu, Seitan oder Tempeh. Das Gericht sollte eine gewisse Schärfe haben. Wichtig ist die Verwendung von Ingwer. Die Wurzel ist eine echte Unterstützung für die Leber. Keinesfalls sollte man Salz nehmen, ein wenig Pfeffer ist in Ordnung. Wenn man herzhaft Gebratenes mit scharfem Ingwer isst, dann wird man auch kein Verlangen nach Süßem verspüren. Denn der Ingwer schafft so viel Energie in der Leber, dass die kein Signal nach Süßigkeiten aussendet.

Das dritte Element ist das Erdelement mit der Entsprechung Milz, Magen, Bauchspeicheldrüse. Diese produziert Insulin, hält uns frei von Über- oder Unterzucker. Essen wir zu viel Zucker (auch durch zu viel Obst !) wird sie mit einem Übermaß an Insulin ausgebremst. Das Hormon Insulin verstoffwechselt sich mit Zucker im Körper als eine Fettsäure. Das erklärt, warum viele Frauen die Cellulite nicht wegbekommen, obwohl sie viel Obst essen.

Das Erdelement bringen wir durch Wurzeln auf den Tisch: Kürbis, Zwiebeln, Sellerie. So werden zum Beispiel Karotten ganz süß, sie karamellisieren. Das Erdelement ist süß und diese Süße holen wir bei der Zubereitung heraus. Kürbis ist ein wichtiges Gemüse für dieses Element, da er mit seiner kräftigen golden-orangen Farbe für Erde steht.

Das Metallelement steht für Lunge und Dickdarm. Ein gesunder Mensch sollte einen basischen Dickdarm haben. Wenn man übersäuert ist, dann kann man das schnell feststellen, denn dann riecht der Stuhl. Beim Metallelement ist es wichtig, dass wir keine raffinierten Kohlehydrate zu uns nehmen. Das Metallelement bedeutet Mineralien, die wir in ungeschältem Getreide finden. An erster Stelle stehen Buchweizen und Gerste, aber inzwischen auch der Reis. Der Reis verbrennt im Körper mit einem sehr neutralen pH-Wert. Weizen ist stark säurebildend, Gerste ist ideal, Hirse ist gut, Dinkel und Hafer auch.

Das Wasserelement hat die Entsprechung Blase und Nieren. Hier werden in erster Linie alle Hülsenfrüchte als wichtige Eiweißquelle für die Menschheit gesehen. Ein guter Espresso nach einem 5-Elemente-Teller zu Mittag kann hier wie Medizin wirken, denn er regt die Verdauungssäfte noch zusätzlich an, reizt die Magenschleimhaut nicht und peitscht auch die Bauchspeicheldrüse nicht an.

SONNENTOR®
Natur für die Sinne.

War das Mittagessen bekömmlich und gut gemacht, ist auch ein Glas Rotwein oder ein Kräuterschnaps durchaus heilend, da mit seinen Enzymen und Fermenten verdauungsfördernde Wirkung eintritt. (Achtung: Alkohol nur in Maßen genießen!)

Der Nachmittag

Um dem nachmittäglichen Energieabfall zu begegnen, dürfen wir uns hier mit etwas biologischen Süßigkeiten verwöhnen: z.B. eine einfache Reiswaffel mit Reissirup oder eine wirklich gute Schokolade mit 70 %-igem Kakaoanteil, ein leckerer Apfelstrudel aus unseren Rezepten oder ein selbst gemachter Reispudding, selbstverständlich in Kombination mit Kukicha-Tee oder höchstens noch einer Tasse Kaffee, wird Ihnen gut tun.

Das Abendessen

Wenn das Mittagessen nicht zu üppig war, sollte das Abendessen ähnlich reichhaltig ausfallen, allerdings mit einem etwas leichteren Verdauungstouch: z.B. Spaghetti, leicht angebratenes Gemüse, es darf auch noch einmal Eiweiß sein (z.B. Fisch oder Sojaprodukte) oder eine herzhafte Wokpfanne. Am besten sind kräftige Suppen mit viel Gemüse und Nudeln (Chinese Art).

SONNENTOR®

Natur für die Sinne.

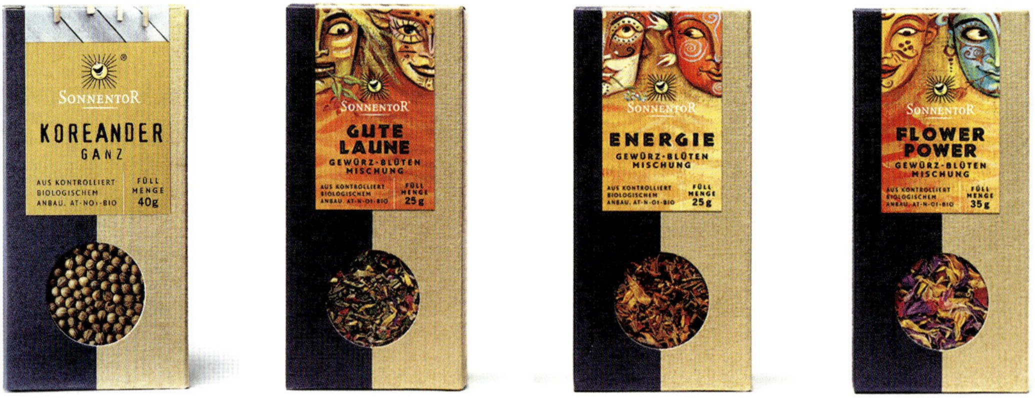

Fast alle in den Rezepten verwendeten Gewürze sind von Sonnentor erhältlich. Wir verwenden diese besonders gerne!

Kleine Warenkunde

Bio, kalt gepresst, unraffiniert & Co.

Die Qualität der Zutaten entscheidet über ihren Nutzen. Angeblicher Bio-Schwindel hin oder her – Studien zeigen, dass Bio-Lebensmittel weit mehr für uns wertvolle Inhaltsstoffe enthalten, als konventionell angebaute Nahrung. Die Pflanze ist gefordert, selbst Abwehrstoffe gegen Schädlinge und Krankheiten zu entwickeln, wenn sie nicht gespritzt und ihr diese Arbeit abgenommen wird. Und die Stoffe, die sie dabei ausbildet, wirken positiv mit dem Vitamin- und Mineralstoffgehalt ihrer Früchte zusammen und nützen damit auch dem Menschen. Wir empfehlen für alle Rezepte biologische Zutaten als Lebens-Mittel.

Auf „denaturierte Nahrung" – darunter verstehen wir industriell verarbeitete Nahrung – wird in unserem Kochbuch bewusst verzichtet. Gemüse in Dosen ist konserviert, Fertiggerichte enthalten oft chemische Geschmacksverstärker und können Allergien auslösen und Tiefkühlkost trägt die Information „kalt" in sich, was sich negativ auf die Verdauung auswirkt. Es kann zu Blähungen, wenig Energie und Kälteempfinden führen. Über das Thema „Mikrowelle" diskutieren wir nicht mal – nur soviel: Forschungsarbeiten haben gezeigt, das die Schwingung der Mikrowellenstrahlung mit der Schwingung von Krebszellen identisch ist. Menschen mit Krebstherapien rät man bereits im Spital, auf Mikrowellenkost zu verzichten.

Immer wieder taucht in den Zutatenlisten „unraffiniertes Meersalz" auf. Es lässt sich auch durch ein anderes vollwertiges Salz ersetzen – durch Steinsalz oder Kristallsalz. Wichtig ist nur, dass es nicht industriell verarbeitet und dass ihm nichts entnommen und auch nichts hinzugefügt wurde. Herkömmliches Kochsalz – auch verwirrenderweise als „Vollsalz" bezeichnet – besteht nur noch aus Natriumchlorid (NaCl) und ist obendrein häufig jodiert. Die wertvollen Mineralstoffe und Spurenelemente des Salzes werden vor allem in der Industrie verwendet oder teuer als Nahrungsergänzungsmittel auf den Markt gebracht. Verwenden wir vollwertiges Salz, hat der Körper alles, was er an den Mineralstoffen und Spurenelementen braucht, aus denen er sich auch selbst zusammensetzt. Wenige wissen, dass auch billiges Viehlecksalz ein vollwertiges Salz ist, das man prächtig für Sole oder Salzbäder verwenden kann. Es wird aus den Steinsalzvorkommen gewonnen, die auch in heimischen Bergwerken abgebaut werden. Dort findet man ebenso Kristallsalz – es muss nicht immer aus dem Himalaya kommen. Meersalz ist ebenfalls ein vollwertiges Salz, das in Salzgärten am Meer geerntet werden kann. Manche befürchten eine Verunreinigung durch die Verschmutzung der Weltmeere – sie können auch Stein- oder Kristallsalz verwenden. Mit dem Jodieren des Salzes wurde begonnen, um der angeblichen Auswaschung der Böden und dem Jodmangel im angebauten Gemüse etc. entgegenzuwirken. Jodmangel führt zu Schilddrüsenvergrößerungen, auch Kropf genannt. Mittlerweile wird über die Sinnhaftigkeit dieser Maßnahme diskutiert. Auch ein Zuviel an Jod kann der Schilddrüse schaden. Kalt gepresst ist ein anderes Schlagwort, das oft in Zusammenhang mit Ölen auftaucht. Auch wir empfehlen kalt gepresste Öle, denn wird Öl durch Erhitzung gewonnen, schwinden die wertvollen Inhaltsstoffe. Das ist auch beim Kochen zu beachten – nicht alle Öle können schadlos sehr hoch erhitzt werden. Eines der wertvollen Öle, die das sehr gut überstehen, ist z. B. Traubenkernöl, auch reich an Radikalfängern und damit zur Vorbeugung von Zellschäden wie Krebs geeignet. Unpasteurisiert sollte der Essig sein, ebenfalls der Erhaltung der Inhaltsstoffe (und damit seiner Wirkung) zuliebe, die wertvoll für den Körper und seine Verdauung sind. Und was das Thema Zucker betrifft: Auch da scheiden sich die Geister. Während die einen auf Voll(rohr)zucker schwören und nur braunen Zucker als mineralstoffreich gelten lassen, meinen ErnährungswissenschafterInnen, dass sich laut Studien der Mineralstoffgehalt von weißem – raffiniertem – und braunem – unraffiniertem – Zucker nur unwesentlich von einander unterscheide. Sehr wohl ein Unterschied ist, laut TCM, in der thermischen Wirkung der beiden Zuckerarten. Weißer Zucker kühlt und befeuchtet den Körper, brauner Zucker wärmt eher. Abgesehen von allen anderen schädigenden Wirkungen, die man dem weißen Zucker zuschreibt. Auch hier gilt: Die Dosis macht das Gift. Und: Als „Medizin" hilft auch weisser Zucker zuweilen – zum Beispiel bei trockenem Husten in einem Birnenkompott, um zu befeuchten und den Husten zu lösen. Möchten Sie Zucker ersetzen – wie wir auch oft in unseren Rezepten – verwenden Sie z. B. Gersten- oder Reismalz, Zuckerrüben-

und Zuckerrohr-Melasse. Auch Birnendicksaft ist geeignet oder Topinamburdicksaft etc. In den Bioläden finden Sie bereits eine breite Palette an Möglichkeiten. Gewürze und Kräuter sind reich an Substanzen und ätherischen Ölen, die die Verdauung anregen und dafür sorgen, das Essen leichter zu verdauen. Sie sollten in keinem Gericht fehlen. Wir schreiben meist zu den verwendeten Gewürzen „frisch gemahlen / gemörsert", weil wir darauf hinweisen möchten, dass die aromatischen Inhaltsstoffe im zerkleinerten Zustand viel besser ihre Wirkung entfalten können. Zum Zerkleinern eignet sich am besten ein großer Mörser oder eine Gewürz- oder Pfeffermühle. Gleich mehrere besorgen – eine Investition, die sich lohnt. Frisch gerieben wird z. B. die Ingwerwurzel. Ihr ist gegenüber getrocknetem Ingwer immer der Vorzug zu geben. Getrockneter Ingwer ist thermisch „heiß", also sehr erhitzend für den Körper und sollte nur in sehr kleinen Mengen genossen werde. Frische Ingwerwurzel ist erwärmend und obendrein sanfter im Geschmack, fast ein bisschen zitronig und unterstützt die Eiweiß-Verdauung. Alle Rezepte gelten für vier Personen. Das Individuelle an der 5-Elemente-Küche ermöglicht aber, sich die Portionen unterschiedlich auf dem Teller abzuschmecken. Der / die eine liebt Kren, andere nicht – in diesen Fällen ist meist die Würze als letzter Schliff ja nach Geschmacksvorlieben möglich. Ist von einer Tasse die Rede, meinen wir eine normale kleine Tasse von etwa 1/8 l Inhalt. Wir messen vieles lieber mit Tassen und Löffeln ab, statt ständig die Waage zu benutzen, weil es Zeit spart. Hier eine kleine Tipp-Liste, wodurch sich einige Nahrungsmittel zum Geschmacksverfeinern ersetzen lassen: Unpasteurisierter Essig durch Ume Su, Hatomugi Su (Perlgerstenessig), Genmai Su, Petersilie, Zitronensaft, Ume-Paste und Umeboshi-Früchte. Zitrus-Schalen (von biologischen Zitronen etc.) durch zerquetschte Wacholderbeeren (geht leicht mit dem Messer, nicht in Mühle, sie verklebt sich!), frische Kräuter (z. B. Rosmarin bei niedrigem Blutdruck, Salbei bei Hitzeempfinden, Melisse, Thymian). Kalt gepresste Öle (Olivenöl, Sesamöl, Traubenkernöl, Mohnöl, Walnussöl, Kürbiskernöl, Leinöl, Rapsöl, geröstetes Sesamöl – hat den intensivsten Geschmack), Butter, alle Nüsse und Samen. Ingwerwurzel durch Kren, getrocknete Kräuter wie Majoran, Oregano, Basilikum (einzeln in Mühlen mahlen), frische Dille, Schnittlauch, bei Hitzesymptomen z. B. Kresse, Pfefferminze. Vollwertiges Salz durch Tamari, Shoju, Sojasoße, Miso (verschiedene Sorten – helles Reismiso löst sich am besten in Wasser).

zu unserer natur gehört
die bewegung.
die vollkommene ruhe
ist der tod.

Adzuki-Bohnen

Mit ihrer zarten Schale und dem feinen, auffallend süßlichen Geschmack sind sie eine echte Delikatesse. Darüber hinaus wirken sie, regelmäßig verzehrt, positiv bei Ödemen und Wasseransammlungen.

Agar Agar

Geliermittel aus verschieden Algen. Vor allem zum Eindicken von Obst. Wirkt unterstützend auf die Darmfunktion.

Buchweizen

Pseudogetreide, glutenfrei und stärkt die Blutgefäße. Buchweizenmehl hat einen nussigen Geschmack und ist eine gute Alternative zu Weizenmehl für Kuchen.

Curcuma, Gelbwurz

Regt die Verdauung und den Gallenfluss an, beruhigt den Magen. Färbt das Essen gelb.

Distel-Öl

Geschmack: feinherb. Reich an mehrfach ungesättigten Fettsäuren. Distel-Öl ist das linolsäurereichste Pflanzen-Öl. (Linolsäure ist der Name einer ungesättigten Fettsäure.) Verwendung: zum Braten, Kochen und kalt.

Genmai Su (Essig)

Essigsauer vergorener Vollreis. Schmeckt hervorragend und regt die Magensekretion an. Genmai Su ist ein Würzmittel für Salate (hält dabei den Salat frisch und sein Vitamin C bleibt länger wirksam) und für essigsaure Eintöpfe.

Gersten-Miso

Geeignet für Soßen und Suppen zum Würzen, täglich 1 TL im Tee trinken. Mit Nase und Zunge probieren. Um den Säurehaushalt zu regulieren, je 1 TL Miso als Erstes morgens und als Letztes abends in einer Tasse Kukicha-Tee trinken, mit grünen Kräutern und geriebenem Ingwer anreichern.

Gomasio

Ist der traditionelle japanische Name für Sesam-Salz-Gewürz. Es besteht aus geröstetem Sesam, der zusammen mit unraffiniertem Meersalz gewalzt wird. Gomasio würzt viele pikante Speisen, ohne sie zu versalzen. Auf warme und kalte Speisen, Salate oder auf den Brotbelag gestreut, verfeinert der nussige Geschmack des Sesam den Eigengeschmack der Speisen.

Hülsenfrüchte

Lebenswichtige Eiweißspender (enthalten einen wesentlichen Teil der essentiellen – Aminosäuren). „Hülsenfrüchte" ist die handelsübliche Bezeichnung für die reifen und essbaren Samen aus der Familie der Schmetterlingsblütler (Legumonosae). Hierzu gehören Bohnen, Erbsen, Linsen und Sojabohnen als wichtigste Nahrungspflanzen. Alle Hülsenfrüchte müssen nach dem Kochen mit mind. 5 – 10 % Öl (von der Gesamtmenge gerechnet) vermischt werden; beispielsweise 200 ml Linsen = 10 - 20 ml Öl. Das Öl verhindert die unerwünschten blähenden Nebenwirkungen von Hülsenfrüchten, wenn die Speise zusätzlich mit Ume-Paste angereichert wurde. Achtung: An jedes Hülsenfruchtgericht kommt Ume-Paste.

Kichererbsen

Enthalten viele Mineralien, Spurenelemente (Eisen und Zink), Vitamine (u. a. Folsäure). Kichererbsen sind geeignet zum Kochen und zum Keimen.

Kren / Meerrettich

Fördert die Verdauung. Das starke scharfe Aroma hilft bei verstopfter Nase und Sinusitis.

Kukicha-Tee

Wird hergestellt aus kleinen Zweigen eines Teestrauchs, die erst nach drei Jahren geerntet werden. Mit Stücken vom Stamm zusammen werden sie viermal geröstet. Kukicha-Tee enthält kein Teein, aber viele Mineralien und hat die Fähigkeit, sowohl Säureüberschüsse als auch basische Konditionen im Körper zu neutralisieren (auch für Babies geeignet). Zubereitung: 10 Minuten mit geschlossenem Deckel kochen, dann absieben. Teemenge und Kochzeit entscheiden, wie kräftig der Tee wird. Die Teezweige können zweimal aufgekocht werden. Dabei länger kochen und eine kleine Menge frischen Kukicha dazu geben. Durch den hohen Anteil an Mineralien wird die Wundheilung gefördert. Deshalb auch Wunden mit dem Tee auswaschen. Ansonsten über den Tag verteilt – auch am späten Abend ohne Probleme – trinkbar.

Kuzu (Stärkemehl)

Kuzu entsteht aus den Wurzeln einer wilden Weinart und ist Hauptbestandteil vieler Getränke zum Heilen von Fieber- und Darmkrankheiten, Grippe, Blutkrankheiten und Müdigkeit. Es ist ein rein pflanzliches Bindemittel und dient zum Andicken vieler Gerichte wie Soßen, Suppen, Dressings, Pfannkuchen, aber auch süßen Speisen wie Gelees, Puddings, Bonbons. Dazu muss es in Wasser gelöst (Verhältnis: ein Teelöffel Kuzu:einige EL bis eine Tasse Wasser) und dann erhitzt werden.

Linsen, rot

Sind gespaltene geschälte rotbraune Linsen. Die fehlende Samenschale trägt zur Verbesserung ihrer Verträglichkeit und zur Vermeidung der blähenden Wirkung bei. Keimfähig sind sie jedoch nicht mehr. 20 Min. ohne Deckel kochen.

Linsen, schwarz (Beluga)

Kleine Linsen mit feinem, aromatisch würzigem Geschmack. Wie die roten Linsen müssen auch sie nicht eingeweicht werden und haben eine Kochzeit von ca. 20 Minuten.

Lopino

Wird aus dem Samen der Süßlupine hergestellt, Lupinenquark, ist ein rein pflanzlicher Eiweißträger mit hohem Vitamin B 12-Anteil.

Lotuswurzelpulver

Lotus ist eine einjährige Knollenpflanze. Die Wurzeln enthalten als Hauptbestandteile Asparagin, Nelumbin und Stärke. Nelumbin löst flüssigen Schleim, Asparagin unterstützt die Ausscheidung von überflüssigem Schleim aus Bronchien und Lunge. Ein Teelöffel des Mehls aus der Lotuswurzel, vermischt mit einer halben Tasse Wasser, wird mit einer Prise vollwertigem Salz erhitzt und ergibt einen Tee, der sooft wie möglich getrunken werden sollte, um Schwächen des Körpers wie Erkältung, Bronchialproblemen und Asthma vorzubeugen. Er reguliert den Blutdruck, regt die Herztätigkeit an und unterstützt die Verdauung. Werden die Wurzeln eingeweicht und dann gekocht, sind sie besonders als Gemüse am Ende des Winters zu empfehlen und haben die gleiche Wirkung wie der Tee.

Maiskeim-Öl

Ist oxydationsbeständig und daher zum Dünsten, kurz Braten und Backen geeignet, reich an mehrfach ungesättigten Fettsäuren. Statt Butter zum Backen verwenden (250 g Butter durch 200 g Mais-Keim-Öl ersetzen), schmeckt ähnlich.

Mascobadozucker

Aus Zuckerrohr, enthält wertvolle Mineralstoffe wie z. B. Kalzium, Magnesium, Eisen.

Meersalz, unraffiniert

Zusammensetzung: 98 % Natriumchlorid, Mineralstoffverbindungen wie Kalium-, Magnesium-, Kalziumchlorid und -sulfat sowie Spurenelemente, z. B. Jod, Fluor, Silicium u. a. Bei Getreidegerichten mitkochen, ansonsten erst zum Schluss an die Gerichte geben. Achtung: Beim Einkauf auf biologisch und nicht raffiniert achten!

Mirin (Reisweinwürze)

Mirin ist ein natursüßer Kochwein und damit ein unentbehrliches Würzmittel. Zusammen mit Shoyu kann es den Geschmack verschiedenster Gerichte erstaunlich verfeinern. Natürliches Mirin wird unter natürlichen Gärungsmethoden hergestellt, enthält also so gut wie keinen Alkohol. Mirin ist reich an Aminosäuren und Vitaminen. Es unterstützt die Verdauung und fördert durch die enthaltenen Enzyme die Gesundheit.

Miso (Sojabohnenpaste)

Miso ist eine milchsauer vergorene Paste aus Sojabohnen, Salz und einer Getreideart. Es wird vor allem als Zutat in Suppen, zusammen mit Gemüse und Meeresfrüchten verwendet. Misosuppe wärmt den Magen und regt den Appetit an. Die durch den Gärungsprozess freigesetzten Enzyme unterstützen aktiv die Verdauung und regen die Sekretion der Magensäfte an. Miso enthält Bakterien, die der Darmflora gut tun und schädliche Bakterienstämme bekämpfen. Miso kann auch bei der Zubereitung von Soßen, Dressings, Aufstrichen, Nudeln und Eintöpfen eingesetzt werden. Achtung: Erst zum Schluss an die Gerichte geben – nicht mitkochen! Zu hohes Erhitzen zerstört die Inhaltsstoffe.

Mochi

Wird aus gestampftem Reis hergestellt und in Naturkostläden in Rollen angeboten. In Scheiben geschnitten können sie kurz abgebraten oder im Backrohr gewärmt werden. Wahlweise salzig oder süß zubereiten.

Oliven-Öl

Hat einen charakteristischen Eigengeschmack. Gute Fettzusammensetzung (reich an einfach und mehrfach ungesättigten Fettsäuren). Verwendung: nicht erhitzen, kalt verwenden, zum Schluss beigeben.

Piment

Ein Gewürz, das wie Pfeffer verwendet wird, aber aromatischer und milder ist.

Quinoa

Pseudogetreide, glutenfrei, kurze Kochzeit, leicht verdaulich, u. a. reich an Kalzium, Magnesium, Kalium und Vitamin E.

Reis

Reis ohne Salz schmeckt erstens nicht und zweitens wird er dann sauer verstoffwechselt.

Reis, braun

In der Schale befinden sich die wichtigen B-Vitamine, außerdem hat Reis den überhaupt höchsten Anteil an Folsäure unter den Nahrungsmitteln. Daneben ist auch der Anteil an Mineralien, wie Kalzium und Magnesium überdurchschnittlich hoch.

Reismalz (Zuckerersatz, Polysaccharide = Mehrfachzucker)

Der Malzprozess verwandelt Getreidestärke in Getreidezucker, nimmt also unserem Körper schon einen Teil des Verdauungsprozesses ab. Reismalz kann, in kleinen Mengen genossen, vom Organismus ohne Mineralverlust und Nebenwirkungen aufgenommen werden. Deshalb ist er ideal für Diabetiker geeignet. Besonders geeignet ist er als Brotaufstrich auf Keksen und Reiswaffeln und zum Süßen von Kindernahrung und Tees.

Reismilch

Ist ein Getränk auf der Basis von Reis. Cholesterinfrei, zuckerfrei, frei von Milchbestandteilen, Sojaeiweiß sowie gluten- und purinfrei. Herstellung: Der Reis wird mit Wasser versetzt, fein gemahlen und pasteurisiert. Nach Zugabe von Enzymen natürlicher Herkunft wird das dickflüssige Reisgetränk filtriert. Sojalezithin ermöglicht durch seine Eigenschaft als Emulgator das Mischen zweier, sonst nicht mischbarer Substanzen – Wasser und Öl – da es eine stabile Emulsion bildet. Weitere Zutaten sind Meersalz, biologisches Sonnenblumen-Öl, Seetangextrakt als Verdickungsmittel und natürliche Vanille. Verwendung: z.B. als Milchgetränk, zur Haferbreiherstellung usw.

Reissirup

Unser Reissirup ist ein heimisches Produkt, das aus europäischem Reis hergestellt wird. Er ist süß und das beschleunigt den Kreislauf, ohne jedoch die sonst schädlichen Eigenschaften von Zucker zu besitzen. Speziell für Insulinpflichtige ist es das am besten geeignete Süßungsmittel, da es den geringsten Insulinbedarf hervorruft. Mit Tahin (Sesammus) vermischen und als süßen Brotaufstrich genießen oder zur Kreislaufanregung. Verhältnis: 1 Teil Tahin : 6 Teile Reissirup.

Seitan (Eiweiß aus Getreide)

Seitan ist ein vegetarisches Nahrungsmittel, das aus Bio-Weizen hergestellt wird. Seitan gehört schon seit Jahrtausenden in die orientalische Küche. In einem Spezialverfahren wird die Stärke aus dem Weizenkorn gewaschen. Der verbleibende Weizengluten wird in Sojasoße und Ingwer gekocht. Seitan ist leicht verdaulich, cholesterinfrei, kalorienarm, kräftigend und sehr sättigend, ohne Völlegefühl zu verursachen. Durch seine feste und fleischähnliche Konsistenz sehr vielseitig zuzubereiten. Der Phantasie und Kreativität sind hier keine Grenzen gesetzt.

Sengiri Daikon

Weißer Rettich mit verdauungsfördernden – dem Fettstoffwechsel behilflichen – Enzymen. Regt die Nierentätigkeit an und wirkt entwässernd. In getrockneter Form hilft er vor allem, verhärtete Fette in den Organen und im Körpergewebe zu lösen. Er kann sehr gut als Suppenzutat verwendet werden.

Sesam, schwarz

Kalziumhältiger als heller Sesam. Um die Aufnahme der Inhaltsstoffe zu garantieren sollten die Samen frisch gemahlen werden. (Eventuell vorher rösten.)

Sesam-Mus / Tahin

Paste aus gemahlenem Sesam, schmeckt etwas salzig / ölig. Zur Verfeinerung von Gemüse und Hülsenfrüchten.

Sesam-Öl

Geschmack: nussig (Sesam öffne dich) Verwendung: geeignet zum Braten, Anbraten und Dünsten – auch für Tofugerichte und Wurzelgemüse.

Shitake-Pilze (Pilze mit 18 Aminosäuren!)

Verwendbar als Suppeneinlage und als Beilage zu Reis oder Wurzelgemüse, stärken die Nieren und das Immunsystem und helfen, Cholesterinablagerungen von tierischer Nahrung aus dem Körper auszuscheiden. Achtung: lange Kochzeit, ca. 30 - 40 Min. (nach vorherigem Einweichen getrockneter Pilze). Da der Pilz eine sehr starke Wirkung hat, sollte er nur in kleinen Mengen genossen werden.

Shiro-Miso

Sehr mildes Miso aus weißem Reis. Der Fermentationsprozess ist relativ kurz, dadurch ist es kaum salzig. Durch die Konsistenz eignet es sich zur Verfeinerung von Gemüse.

Shoyu (Sojasoße)

Traditionelles japanisches, lange fermentiertes Würzmittel aus Soja, Weizen, Wasser und Meersalz. Shoyu hat einen vollen, kräftigen Geschmack und dient als äußerst vielseitiges Würzmittel für Suppen, Soßen, Salate und Eintöpfe, sorgt an Stelle von Salz für einen verbesserten Geschmack und einen erheblich eingeschränkten Salzkonsum. Shoyu kann auch bei Weizenallergie gefahrlos eingesetzt werden, da sich nach der langjährigen Gärung die allergieauslösenden Stoffe im Weizen verflüchtigt haben. Geben Sie Shoyu am Ende des Kochvorgangs dazu, da es so leichter zu verdauen ist. Shoyu ist reich an Aminosäuren, die die Verdauung erleichtern, es regt die Magensäfte an und stärkt die Herzmuskulatur.

Sojabohne

Enthält viel Eiweiß, Mineralien (Kalium, Kalzium, Magnesium), Spurenelemente (Eisen, Selen) und Vitamine (B-Vitamin, Folsäure). Sojabohnen sind auch der Ausgangsstoff für eine Vielzahl von Sojaprodukten (u. a. Sojadrinks, Tofu, Soja-Öl, Sojamehl usw.), die sich hinsichtlich ihrer Naturbelassenheit, Verwendung und Inhaltstoffanalyse je nach Anbaugebiet stark unterscheiden. Sojabohnen sind geeignet zum Keimen.

Soja-Dream = Soja-Sahne

Verwendung: Kann wie Sahne verwendet werden (z. B. im Tee, Kaffee) und zur Verfeinerung von Soßen, Salaten usw.

Sojamilch

Verarbeitung wie Vollmilch.

Soja-Öl

Wird aus den Bohnen des Sojastrauches gewonnen. Reich an mehrfach ungesättigten Fettsäuren (Linol-, Linolensäure), hat einen hohen Eiweiß- und Lezithingehalt. Verwendung: Geeignet zum Dünsten und Braten.

Sonnenblumen-Öl

Geschmack: mild, nussig, relativ geschmacksneutral und hitzebeständig und daher zum Braten geeignet. Reich an Linolsäure und Vitamin E. Verwendung: zum Kochen, Braten und kalt.

Sprossen

Die bei uns im Handel erhältlichen und fälschlicherweise als Sojasprossen bezeichneten Sprossen werden tatsächlich aus Mungbohnen gezogen. Sie sind wesentlich schneller im Keimungsprozess und viel zarter als die Sprossen der Sojabohnen. Durch einen kurzen Kochvorgang (braten / dämpfen / blanchieren) sind sie leichter verdaulich. Alle Sprossen sind reich an Vitamin C, Riboflavin und Eisen.

Süßkartoffel

Verarbeitung wie Kartoffel. Kochen, dünsten, braten oder in Folie im Backofen garen.

Szechuanpfeffer

Schmackhafte hocharomatische Alternative zu Pfeffer. Der Geschmack ist zitronig, pfeffrig.

Tamari (Sojasoße)

Hat unterschiedlichen Geschmack und andere Eigenschaften als Shoyu. Es sollte seltener als Shoyu eingesetzt werden, vorrangig zum Würzen von Suppen und zum Marinieren von Tofu (hier sparsam verwenden, die Marinade mit Wasser verdünnen und geriebenen Ingwer dazugeben).

Tempeh

Ist ein vegetarisches Nahrungsmittel, das aus ganzen gekochten gelben Sojabohnen hergestellt wird. Ursprünglich kommt Tempeh aus Indonesien. Geschälte Sojabohnen aus kontrolliertem biologischen Anbau werden über Nacht in Wasser eingeweicht und anschließend mit dem Edelpilz „Rizipus Oligoperus" beimpft. In einem Wärmeschrank reift nun der Edelpilz bei ca. 33 °C über mehrere Stunden und bildet ein weißes Pilzgeflecht um die Bohnen. Diesem Fermentierungsprozess verdankt Tempeh seine Vorzüge. Tempeh ist reich an essentiellen Aminosäuren sowie ungesättigten Fettsäuren. Durch den Fermentationsprozess entsteht das wichtige Vitamin B 12, die Grundvoraussetzung für Eisen im Blut. Viele Mineralien (Kalzium, Magnesium, Eisen, Phosphor) und Ballaststoffe sind ebenfalls enthalten. Tempeh ist cholesterinfrei und leicht verdaulich. Benötigt ein wenig mehr Öl als Gemüse zum Anbraten.

Teriyaki-Soße

Zutaten: Tamari, Mirin, Wasser, Honig, Apfelessig, Genmai Su, Senf, Knoblauch, Ingwer, Ume Su, Xanthangummi, weißer und schwarzer Pfeffer.

Tofu

Ist seit Jahrtausenden in Ostasien ein unentbehrliches Grundnahrungsmittel aus Soja-Eiweiß. Ähnlich wie aus Milch Quark gemacht wird, so entsteht aus Soja Tofu. Es ist ein leicht verdauliches Eiweiß, das durch einen Gerinnungsprozess getrennt wird. Dann wird es in Blöcke geschnitten und verpackt. Es gibt verschiedene Geschmacksrichtungen: Tofu-Natur, Räucher-Tofu, Tofu Mandel-Nuss, Tofu Shiitake-Pilze, Tofu Herbes de la Provence, Tofu mit Paprika u. v. m. Tofu ist reich an Eiweiß und Vitaminen (B1, B2, B6, Niacin, Kalzium, Magnesium), ist cholesterinfrei, hat wenig Fett und Kohlenhydrate und enthält einen Teil der essentiellen Aminosäuren. Verwendung: Ob gebraten als Beilage zu allen Hauptgerichten, gedünstet als Aufstrich, als Einlage in Suppen oder als Süßspeise à la Kürbiscreme schmeckt Tofu warm und kalt und ist als Zwischenmahlzeit ideal geeignet, um den kleinen Hunger zu stillen. Die Lust auf Süßes geht mit gebratenem Tofu entscheidend zurück. Alle Eiweiße sollten niemals roh gegessen werden. Auch Tofu muss auf jeden Fall in biologischem Öl angebraten werden. Da Eiweiße relativ viel Yin (Säuren) enhalten, müssen sie mit Yang (Basen) ausgeglichen werden. Um diesen Prozess noch zu unterstützen, kann Tofu in sojahaltigen, salzigen Würzsoßen (Shoyu, Teriaky, Ponzo) kurz (ca. 1 Minute) mariniert werden.

Umeboshi-Pflaumen / Aprikosen

Die Ume-Frucht (liegt von der Gattung zwischen Aprikose und Pflaume) gilt in Japan und in China schon seit Urzeiten als kraftvolles Heil- und Nahrungsmittel mit sehr hohen Anteilen an Mineralien und organischer Säure bzw. Milchsäurebakterien. Umeboshi-Pflaumen / Aprikosen werden in salziger Lake mit Shiso-Blättern mindestens Jahr eingelegt und sind durch diesen Fermentationsprozess besonders bei Magen- und Darmproblemen geeignet. Umeboshi-Pflaumen desinfizieren, entgiften und stärken die inneren Organe, wirken blutreinigend, gegen Müdigkeit, gegen Übelkeit und Erbrechen (Tipp: Bei morgendlicher Übelkeit und Erbrechen in der Schwangerschaft, Seekrankheit aber auch bei Übelkeit während einer Chemotherapie eine Umeboshi-Pflaume mit einem Pflaster in den Nabel kleben, lindert die Symptome. Umeboshi und Tamari wirken antioxidativ auf das Blut).

Ume-Paste

Umeboshi werden entkernt und zerdrückt und sind so leichter bei der Nahrungszubereitung einsetzbar.

Ume-Su

Der Sud, der beim Fermentationsprozess der Früchte entsteht. Der salzig-saure Geschmack regt die Darmtätigkeit an und unterstützt die Verdauung. Es kann wie Essig in Salatdressings verwendet werden.

Wakame

Eine vor Japans Küste wachsende getrocknete Tangart. Wakame ist ein roh (10 - 15 Min. einweichen) und gekocht essbares Meeresgemüse und eignet sich hervorragend als Bestandteil von Miso-Suppen. Es hat einen sehr hohen Anteil an Kalzium und Eisen und ist daher bei Blutarmut zu empfehlen. Außerdem dient es durch seine antibakteriellen Eigenschaften zur Blutreinigung.

Ysop

Verwendung eher getrocknet, da die Wirkung stärker ist. Fördert die Verdauung. Als Tee zum Gurgeln bei Heiserkeit.

eine chance zu sehen,
ist oft eine frage
des blickwinkels
und der bereitschaft,
eine neue vision
zu entdecken!

Die Rezepte von A bis Z

HOLZ | FEUER | ERDE | METALL | WASSER

der intelligente tagesablauf

KUKICHA-TEE

Starten Sie Ihren Morgen mit einer Riesentasse dieses Tees und füllen Sie damit Ihr Basenlager auf.

Genuss ohne Reue · „Mayonnaise & Scrambled Tofu" · SEITE 50

FRÜHSTÜCK

Cous Cous süß oder pikant
Süße Variante
Pikante Variante
Schnelle Variante

ZWISCHENMAHLZEIT

Tsampa mit Powidl / Pflaumenmus und Mandelmus

MITTAGESSEN

SUPPE Frühlingssuppe
VORSPEISE Radieschen gebraten
HAUPTSPEISE Gekochte Gerste
Gerstengemüse mit Tofu und Shiitakepilzen
Roter Rübensalat mit Äpfeln und Kren / Meerrettich
NACHSPEISE Erdbeeren mit grünem Pfeffer

ABENDESSEN

Gebratener Chinakohl mit Muerrpilzen
Bulgur

GETRÄNKE

Brennnesseltee
Löwenzahntee
Birkenblättertee

CHICOREE-SALAT

2–3 Chicoree
Salatdressing
oder Mayonnaise
(Rezept s. S. 81)

Chicoree halbieren und in fingerdicke Scheiben schneiden, auch die Herzen mitverarbeiten (die Bitterstoffe sind besonders gesund).
Mit der Mayonnaise vermengen.
Der Salat kann gut auch einen Tag aufgehoben werden.

Chicoree lässt sich sehr gut auch durch Chinakohl ersetzen.

RETTICH-SALAT

1 großer Rettich
ca. 4 EL Ume-Su

Rettich in Scheiben schneiden und je nach Geschmack mit Ume-Su abschmecken und vermischen.
Gut durchziehen lassen bis der Rettich „weint" (Feuchtigkeit absondert). Falls er noch nicht salzig genug ist, noch einmal mit Ume Su nachwürzen.

KARFIOL / BLUMENKOHL-SALAT

1 Blumenkohl
Ume-Su
Muskatnuss

Blumenkohl in Röschen teilen und im Dampftopf bissfest dämpfen. Den fertigen Blumenkohl in eine Schüssel geben und Ume-Su darüber gießen. Mit geriebener Muskatnuss verfeinern. Gut durchziehen lassen.

VARIANTE 1

Gomasio oder Sesam-Samenkörner in heißem Öl erhitzen und mit Muskat abschmecken und über den heißen Blumenkohl gießen.

VARIANTE 2

Karfiol / Blumenkohl mit Salatdressing oder Mayonnaise (Rezept s. S. 81) servieren.

REIS-SALAT

250 g Reis (z.B. Basmatireis)
200 g Tofu natur
Shoyu
2 gr. Zwiebeln
2 gr. Karotten
Ume-Paste
Zitrone
1 kl. Glas Erbsen
1 kl. Glas Mais
Maiskeimöl
Frische Kräuter Ihrer Wahl
Pfeffer
Frische Ananas in Stücken

Den Reis kochen, währenddessen den Tofu würfeln und 15 Min. bedeckt in Shoyuwasser (1 Teil Wasser, 1 Teil Shoyu) kochen. Dann den Tofu abtropfen lassen. Zwiebeln und Karotten schälen, würfeln und in heißem Maiskeimöl anbraten. Die Tofuwürfel dazugeben und alles scharf weiter braten. Mit Ume-Paste würzen und in eine Salatschüssel geben. Einige Spritzer Zitrone, den Mais und alle anderen Zutaten zufügen und gut verrühren. Zum Schluss die gewaschenen und klein gehackten Kräuter zugeben.
Die Ananasstückchen darunter heben.
Guten Appetit!

GURKENSALAT

1 große Gurke
Ume-Su
Dill

Gurke gut abwaschen, fein hobeln, Ume-Su darüber gießen und mit Dill würzen.

BEI ALLEN SALATEN KANN WAHLWEISE EIN SCHUSS ÖL (MAISKEIMÖL, KÜRBISKERNÖL, OLIVENÖL) ZUGEGEBEN WERDEN

TSAMPA MIT POWIDL / PFLAUMENMUS UND MANDELMUS

1 Tasse Tsampamehl
1 Prise Kardamom
frisch gemahlen / gemörsert
1 Prise unraffiniertes Meersalz
1 Tasse heißes Wasser
1 Tasse heißer Apfelsaft
oder 2 Tassen Malventee
1 Prise Kakaopulver
2-3 EL Mandelmus
2-4 EL Powidl / Pflaumenmus
1 Prise Nelkenpulver
1 Prise unraffiniertes Meersalz
1 Spritzer Zitronensaft

Ev. Vorbereitung: Gerste ca. 2 Std. im Backrohr bei ca. 80 Grad „darren" und anschließend fein mahlen. Mittlerweile gibt es aber auch schon Tsampamehl in Bioläden fertig zu kaufen.
Das Mehl in einer Pfanne ohne Öl unter ständigem Rühren rösten bis es duftet.

Danach in einer Schüssel mit Kardamom, Meersalz und dem Wasser sowie heißem Apfelsaft oder Malventee vermischen, mit Kakaopulver, Mandelmus und Powidl / Pflaumenmus verrühren und mit Nelkenpulver, Meersalz und Zitronensaft abschmecken.

TIPP: Mit weißem Mandelmus schmeckt es besonders gut! Eine größere Menge zubereiten und zur Aufbewahrung in gut verschließbare Glasbehälter abfüllen (so bleibt das Aroma erhalten). Tsampa hat seine Tradition im Himalayagebiet. Dort wird es mit gesalzenem Buttertee vermischt und als schnell zuzubereitendes stärkendes Getränk serviert.

FRÜHLINGSSUPPE

2 EL Olivenöl
4 Frühlingszwiebeln fein geschnitten
1 Suppengrün fein und klein würfelig geschnitten
1 Scheibe Ingwerwurzel fein gehackt
unraffiniertes Meersalz nach Geschmack
1 Spritzer Zitronensaft
1 TL Bockshornkleesamen ganz
1 l heißes Wasser
3 Tassen frische grüne Brennnesseln heiß gewaschen und zerkleinert (Gummihandschuhe verwenden!)
6 Tassen Blattspinat zerkleinert
1 TL Kuzu mit 4 EL kaltem Wasser angerührt
2 EL Pinienkerne geröstet
1 Prise Pfeffer frisch gemahlen / gemörsert
2 Lorbeerblätter im Ganzen
2-3 Kardamomkapseln aufgequetscht
1 Prise Muskatnuss frisch gerieben
1/2 TL Hiziki-Algen zerkleinert
Tamari nach Geschmack
1 Bund Petersilie fein gehackt

Olivenöl in einem Topf erwärmen, Frühlingszwiebeln und Suppengrün mit dem Ingwer anbraten. Meersalz, Algen, Zitronensaft und Bockshornkleesamen hinzufügen und mit heißem Wasser aufgießen. Brennnesseln und Spinat dazugeben, mit Kuzu eindicken. Danach die Pinienkerne einrühren, mit Pfeffer, Lorbeer, Kardamom und Muskatnuss würzen. Kurz aufwallen lassen. Vor dem Servieren mit Tamari und Petersilie abschmecken. Eventuell wenn vorhanden mit den unten stehenden frischen Kräutern verfeinern.

TIPP: Zusätzliche Spurenelemente und Vitamine erhält die Suppe durch das Garnieren mit frischen Kräutern wie z.B. Kerbel, Pimpinelle, Brunnenkresse, Löwenzahn, Ruccola etc. oder Gänseblümchen, Veilchen, Löwenzahnblüten, Vogelmiere etc.

RADIESCHEN GEBRATEN

2 EL geröstetes Sesamöl
1–3 Frühlingszwiebeln in feine Ringe geschnitten
2 Bund Radieschen in dünne Scheiben geschnitten (Blätter aufbewahren!)
1 Prise unraffiniertes Meersalz
1 Spritzer Zitronensaft
1/2 TL Curcuma
1–2 EL heißes Wasser
1/2 TL Honig
1 TL Kuzu mit 4 EL kaltem Wasser angerührt
1 Prise Koriander frisch gemahlen / gemörsert
1 Prise Pfeffer frisch gemahlen / gemörsert
1–4 EL Tamari
1–2 EL Hatomugisu
1–2 EL Radieschenblätter fein gehackt
1–2 EL Radieschensprossen

Das Öl erwärmen und die Frühlingszwiebeln darin anbraten, die Radieschen ebenfalls kurz mitbraten, salzen und mit Zitronensaft und Curcuma würzen. Mit heißem Wasser aufgießen sowie mit Honig und Kuzu eindicken und mit Koriander und Pfeffer abschmecken. Verfeinern mit Tamari und Hatomugisu. Mit den Radieschenblättern und Radieschensprossen servieren.

TIPP: Radieschen und Radieschenblätter sind reichhaltig an Calcium und Magnesium, die Blätter deshalb immer mitverarbeiten!

BLITZSCHNELLE ZUCCHINISUPPE

2–3 mittelgroße Zucchini
1 große Zwiebel
2 EL Maiskeimöl
2 El Shoyu
viel frische Petersilie
und Schnittlauch
1 Zehe Knoblauch
feingehackt
ein Spritzer Zitrone

Gehackte Zwiebel in Öl bei mittlerer Hitze anschwitzen, Knoblauch und in Scheiben geschnittenene Zucchini dazugeben. Gut andünsten, Petersilie und Schnittlauch grob hacken, hinzufügen und alles pürieren. Mit Zitrone und Shoyu abschmecken.

Tipp: Ein extrem leichtes Gericht – ideal, wenn man schon sehr müde ist!

ERDBEEREN MIT GRÜNEM PFEFFER

2 Tassen kaltes Wasser
1 EL Zitronensaft
1 Prise Bio-Zitronenschale frisch gerieben
1 TL Kuzu
500 g Erdbeeren
2 EL grünen Pfeffer
eingelegt im Ganzen
1 Prise unraffiniertes Meersalz
10 Melissenblätter

Das kalte Wasser mit Zitronensaft, Zitronenschale und dem Kuzu zum Kochen bringen. Die Erdbeeren dazugeben und den Topf vom Herd nehmen. Eingelegte grüne Pfefferkörner und Meersalz hinzufügen und zugedeckt kurz ziehen lassen. Garniert mit Melissenblättern servieren.

TIPP: Mit fertigem Sojapudding kombinieren.

GEBRATENER CHINAKOHL MIT MUERRPILZEN

2–3 EL Rapsöl
1/2 Bund Frühlingszwiebeln in Ringe geschnitten
1 Chinakohl in Streifen geschnitten
1 Prise Ingwerwurzel frisch gerieben
unraffiniertes Meersalz nach Geschmack
1–2 Bio-Orangen geschält und in bissgroße Stücke geschnitten
die Schalen getrocknet
1 Tasse getrocknete Muerrpilze ca. 1 Stunde eingeweicht,
anschließend klein geschnitten
1 TL Rosenpfeffer frisch gemahlen / gemörsert
1/2 TL Thymian zerkleinert
1/2 TL Kreuzkümmel frisch gemahlen / gemörsert
1 Prise unraffiniertes Meersalz
1 Tasse Orangensaft oder 1 Tasse Weißwein
1/2 Bund Petersilie fein gehackt

Das Öl im Wok erwärmen und die Frühlingszwiebeln, Chinakohl, Ingwer, Meersalz sowie die Orangenstücke der Reihe nach anbraten. Orangenschale, die Pilze, Rosenpfeffer und Thymian dazugeben. Mit Kreuzkümmel und Meersalz würzen und mit Orangensaft oder Weißwein aufgießen. Garniert mit Petersilie servieren.

VARIATIONEN: Schmeckt auch mit Brokkoli, Spinat, Mangold und Fenchel gut.

TIPP: Passt gut zu Bulgur.

KÜRBIS CHUTNEY

500 g Kürbis
500 g säuerliche Äpfel
200 g Zwiebeln
1 EL Maiskeimöl
abgeriebene Schale einer unbehandelten Zitrone
1/4 TL Zimt
1/8 TL Kardamom
1/4 TL Koriander
3-4 EL Reissirup

Den Kürbis würfeln, die Äpfel in Scheiben schneiden, die Zwiebeln hacken. Zwiebeln in Öl andünsten. Äpfel, Kürbis und die Gewürze dazugeben. Auf kleiner Stufe 20-30 Minuten garen. Mit Reissirup abschmecken.

Passt zu allen orientalischen Gerichten oder zu Brot. Das Chutney kann auch kochend in Gläser (mit Vakuumdeckel) gefüllt werden. Sofort verschließen. Nach dem Abkühlen im Kühlschrank aufbewahrt, ist es für ein paar Tage haltbar.

es gibt einen grossen
unterschied zwischen
einem intelligenten menschen
und einem zweibeiner

WURSTSALAT

FÜR UNTERWEGS, DEN BIERGARTEN UND FÜRS BÜRO

2 kleine Zwiebeln rot oder weiß achteln und in feine Streifen schneiden
3-4 biol. Essiggurken aus dem Glas in Streifen schneiden
1 Bund Lauchzwiebeln in Ringe schneiden.
ca. 300 g Seitanwurst in Scheiben schneiden, diese Scheiben halbieren

Alles in eine Schüssel geben und mit folgendem Dressing vermengen:

DRESSING

Je 2 EL Olivenöl und Sesamöl
Schwarzer Pfeffer aus der Mühle
2 EL Mirin
2 EL Genmai-Su
1 EL Ume-Su
1 EL Byodosenf mittelscharf
2 EL Soße aus dem Gurkenglas
1 EL Shoyu

Die Dressingzutaten in einem Becher gut schütteln und dann abschmecken.

Tipp: Wer mag, kann bunte Paprikastreifen dazugeben.

die qualität der nahrungsmittel
ist die basis
für die richtige ernährung

GEKOCHTE GERSTE

2 Tassen Gerste gewaschen
1 Scheibe Ingwerwurzel
4 Tassen kaltes Wasser
1 Stück Wakame-Alge
1 Spritzer Zitronensaft

Die Gerste ca. 8 Std. in der vierfachen Menge Wasser einweichen. Das Einweichwasser wegschütten und mit Ingwerwurzel, frischem Wasser, der Alge und dem Zitronensaft zum Kochen bringen. Auf kleiner Flamme zugedeckt noch ca. 45 Minunten bis Stunde köcheln lassen.

GERSTENGEMÜSE MIT TOFU UND SHITAKEPILZEN

1–2 EL geröstetes Sesamöl
1 Zwiebel klein geschn.
1 Scheibe Ingwerwurzel frisch gerieben
unraffiniertes Meersalz nach Geschmack
2 EL Zitronensaft,
1/2 TL Curcuma
2 Kohlrabi feinblättrig geschnitten
5 Karotten feinblättrig geschnitten
1 Packung Räucher-Tofu würfelig geschnitten
8 frische Shitakepilze in Scheiben geschnitten
4 Tassen gekochte Gerste
1/2 TL Szechuanpfeffer frisch gemahlen
1/2 TL Koriander frisch gemahlen / gemörsert
Tamari nach Geschmack
Heißes Wasser nach Bedarf
2 EL Zitronensaft
1/2 TL Bio-Zitronenschale frisch gerieben
1/2 Bund Petersilie

Das Öl im Wok erwärmen, Zwiebel, Ingwerwurzel, Meersalz, Zitronensaft und Curcuma sowie Kohlrabi, Karotten, Tofu und Shitakepilze der Reihe nach anbraten.
Die gekochte Gerste unterrühren, mit Szechuanpfeffer und Koriander würzen und wenn nötig mit heißem Wasser aufgießen.
Mit Zitronensaft und Zitronenschale abschmecken und mit Petersilie servieren.

TIPP: Schmeckt auch kalt gut, z.B. mit 2 EL Umesu oder Genmaisu mariniert.

FRISCHE ARTI-SCHOKKEN MIT DIP

1 große Artischocke
pro Person
soviel Wasser, dass
die Artischocken
gut bedeckt sind
2-3 EL Bio-Olivenöl
Dip:
2 kleine Soja-Joghurt
2 EL Bio-Olivenöl
1 Zitrone
Ein Schuss Ume-Su
Shoyu

Artischockenstängel etwas kürzen und Artischocke von den ganz groben äußeren Blättern befreien.
In kochendes Wasser einen Schuss Ume-Su, Bio-Olivenöl geben und Artischocken hineinlegen.
Ca. 20 Min. weich kochen.
Für den Dip Joghurt mit Zitronensaft, Bio-Olivenöl und Shoyu anmachen.

Gegessen werden sie so: Man zupft von außen nach innen Blatt für Blatt ab und taucht die fleischige Seite in den Dip. Je weiter nach innen Sie kommen, desto mehr Fruchtfleisch ist an den Blättern. Das Herz innen können Sie ganz essen – zuvor jedoch die feinen Härchen (Wolle) entfernen.

Tipp: Fördert eine gesunde Verdauung und tut rundum gut. Sicherlich sind frische Artischocken für viele etwas ungewohnt. Man weiß, dass sie sehr gesund sind, traut sich aber nicht so recht an sie heran, weil man sich ihrer Zubereitung nicht sicher ist. Nur Mut – es ist wirklich einfach!

BULGUR

2 EL Sesamöl
1 Frühlingszwiebel in kleine Ringe geschnitten
1 Karotte klein würfelig geschnitten
1 Prise Pfeffer frisch gemahlen / gemörsert
unraffiniertes Meersalz nach Geschmack
2 Tassen Bulgur
4 Tassen heißes Wasser
1 EL Zitronensaft
1 Bund Petersilie gehackt

Das Öl in einer Pfanne erwärmen und die Frühlingszwiebel darin anbraten. Die Karotte dazugeben und mit Pfeffer und Meersalz würzen. Bulgur unterrühren und mit heißem Wasser aufgießen. Aufkochen und 10 Min. quellen lassen. Mit Zitronensaft und Petersilie servieren.

TIPP: Ein schnell zuzubereitendes Gericht. Soll Bulgur nicht nur eine Beilage sein, können die Zutaten durch Gemüsesorten wie Brokkoli, Sellerie oder Stangensellerie sowie Pilze und Nüsse zu einer Hauptspeise ergänzt werden.

BRENNNESSELTEE

1 TL frische Brennnesselspitzen mit heißem, nicht kochendem Wasser übergießen und 10 Minuten zugedeckt ziehen lassen.

LÖWENZAHNBLÄTTERTEE

1 TL frische junge Löwenzahnblätter mit heißem, nicht kochendem Wasser übergießen und 10 Minuten zugedeckt ziehen lassen.

BIRKENBLÄTTERTEE

1 TL frische junge Birkenblätter mit heißem, nicht kochendem Wasser übergießen und 10 Minuten zugedeckt ziehen lassen.

TIPP: Im Frühling entgiften Leber und Gallenblase am besten. Bittere Tees unterstützen sie dabei. Besonders effektiv rund um den Neumond!

PESTO-SAUCE

2 Bund Basilikum
1 Hand voll Pinienkerne
2 Knoblauchzehen
reichlich Olivenöl
Salz, Pfeffer
Geriebener Parmesan nach Belieben

Basilikum in der Mulinette mit Olivenöl hacken, dann die Pinienkerne dazu geben, hacken, dann den Knoblauch hineinpressen, mit Salz und Pfeffer würzen

SCHNELLE, PIKANTE MINESTRONE

1 große Zwiebel, fein gehackt
2 Knoblauchzehen, fein gehackt
250 g weisse Bohnen
(frisch zubereitet oder notfalls aus der Dose)
2 EL Olivenöl
800 ml Tee-Gemüsebrühe
150 g grüne Bohnen
150 g kleine Hörnchen-Nudeln
(ideal wäre Vollkorn, z.B. Dinkel)
1 Bund Basilikum
3 EL Kerbel, fein geschnitten
1 Bund Petersilie, fein geschnitten
4 EL Parmesan
3-4 EL Shoyu
3 EL Ume-Su
bunter Pfeffer aus der Mühle

In einem großen Topf Zwiebeln goldgelb anschwitzen, dann Tomaten etwas kleiner schneiden, dazugeben und kurz andünsten. Brühe angießen, alles mit Pfeffer, Thymian, Basilikum und Kerbel würzen. Nudeln und grüne Bohnen zugeben, 10 Min. offen bei schwacher Hitze köcheln lassen. Weiße Bohnen unterrühren, 2 Min. leicht aufkochen, alles mit Pfeffer und Shoyu und Ume-Su abschmecken.
Mit Petersilie garnieren.

KRÄFTIGENDE, PIKANTE GEMÜSESUPPE

3 große Zwiebeln, fein gehackt
300 g Pastinaken, geschält, gewürfelt
3 Karotten, geschält, gewürfelt
1/4 Sellerie-Knolle
geputzt, geschält, gewürfelt
2 Stangen Frühlingszwiebeln
in feine Ringe geschnitten
Bio-Brühwürfel
für 1,5 Liter Gemüsebrühe
500 ml Grüntee (3. Aufguss)
1 Liter Wasser
1 EL Kerbel, fein geschnitten
1 Bund Petersilie, fein geschnitten
2-3 EL Maiskeimöl
Roter Balsamico-Essig
3 EL Shoyu
3 EL Ume-Su
bunter Pfeffer aus der Mühle
1/2 TL Bio-Paprika, edelsüss
1 Knolle Ingwer, frisch gerieben

In einem großen Topf Zwiebeln mit Maiskeimöl goldgelb anschwitzen, dann Pastinaken, Karotten, Sellerie und Knoblauch hinzugeben und ca. 3-5 Min. mit anschwitzen. Brühwürfel im warmen Tee auflösen und gemeinsam mit dem Wasser aufgießen. Aufkochen und bei mittlerer Hitze ca. 15 Min köcheln lassen. Frühlingszwiebeln, Kerbel, Petersilie, Paprikapulver hinzugeben, Herd abschalten und noch ca. 15 Min. ziehen lassen. Mit Shoyu, Ume Su, Pfeffer und Balsamicoessig abschmecken – und wir sind fertig!

Diese Gemüsesuppe ist sehr nahrhaft und sättigend. Sie stellt durchaus eine Hauptmahlzeit dar, z.B. mit etwas Vollkornbrot und einem kleinen, frischen Salat.

Ein optimales Stärkungs- und Aufbaumittel bei Stress.

TIPP:
Sie können auch einen Teil der Gemüsebrühe absieben und einen Vorrat in einem geschlossenem Gefäß im Kühlschrank für einige Tage aufbewahren – oder portionsweise einfrieren (zur Zubereitung anderer Gerichte).

BUNTES PAPRIKAGEMÜSE MIT NATUR-DUFTREIS

2 rote, 2 gelbe und
2 grüne Paprika
2 Gemüsezwiebeln
3-4 EL Sonnenblumenöl
frischer Rosmarin (notfalls getrocknet) oder Thymian
50g Tomatenmark
4 EL Bio-Zigeunersauce
1 Knoblauchzehe
2 EL Shoyu
+ 2 EL Ume-Su
200 g Vollkorn- oder Jasmin-Vollkornreis

Zwiebeln klein schneiden, Paprika in dünne Streifen schneiden. Zwiebeln in Öl goldgelb anschwitzen, dann Paprika hinzugeben und bei mittlerer Hitze ca. 10 Min. andünsten. Frisch gehackten Rosmarin, Tomatenmark, zerdrückten Knoblauch dazugeben. Mit einem Schuss Shoyu und Ume-Su abschmecken, noch ca. 10-15 Min. ziehen lassen – fertig!

RUCOLA-LÖWENZAHNSALAT MIT GEBRATENEM TOFU

200 g Rucola
100 g frische junge Löwenzahnblätter (auch wild!)
1 Bund Radieschen
100g Tofu – in feinen Scheiben
1 TL Kurkuma
2 EL Balsamicoessig
1 EL Sojasahne
1 TL scharfer Bio-Senf
1 EL Shoyu
3-4 EL Maiskeimöl
2 EL geröstetes Sesamöl
bunter Pfeffer aus der Mühle

Rucola- und Löwenzahnblätter klein zupfen und auf Teller verteilen. Die Radieschen vierteln. Den Tofu in Sesamöl angebraten, aus der Pfanne nehmen und kurz von beiden Seiten in Teriyaki-Sauce wende. Radieschen und Tofu-Scheiben auf den Salat legen. Kurkuma mit Essig, Sojasahne, Maiskeimöl und 2 EL Wasser schaumig schlagen. Den Senf unterziehen, und mit Pfeffer und Shoyu abschmecken. Marinade löffelweise über den Salat geben – fertig!

TIPP: Anstatt in Teriyaki-Sauce können Sie den geschnittenen Tofu auch in 4 EL Balsamico-Essig, 1 EL Olivenöl, 2 EL Shoyu, 2 EL Grüntee und etwas Pfeffer einlegen.

es geht nicht um eine neue diät,
um neue wege,
sondern um die anwendung
des gesunden menschenverstandes

ROTER RÜBENSALAT MIT ÄPFELN UND KREN / MEERRETTICH

3 große rote Rüben ungeschält
1 l heißes Wasser
1/2 TL Olivenöl
1 TL Kreuzkümmel im Ganzen
1 Prise unraffiniertes Meersalz
3 große säuerliche Äpfel
klein würfelig geschnitten
1/2 l heißes Wasser

Die roten Rüben ins heiße Wasser geben, Öl, Kreuzkümmel, Meersalz und Essig hinzufügen und auf kleiner Flamme kochen. Sind die roten Rüben weich, wird das Kochwasser abgegossen. Die Rüben mit eiskaltem Wasser abschrecken.
Auf diese Weise lassen sich die Schalen sehr leicht entfernen. Anschließend die Rüben in kleine Würfel geschnitten.
In der Zwischenzeit werden die geschnittenen Äpfel mit heißem Wasser übergossen und nach einer 1/2 Stunde abgeseiht.
(Die Flüssigkeit aufbewahren!)

Einen Teil für die Marinade, den Rest als Getränk verwenden.

MARINADE

2-3 EL schwarze Senfkörner
geröstet und gemörsert
Unraffiniertes Meersalz nach Geschmack
2-4 EL unpast. Essig oder Hatomugisu
1 Prise Rosenpaprika
2 EL Olivenöl
1 Prise brauner Zucker
Apfelsud nach Bedarf
2-4 EL Sonnenblumenkerne geröstet
2-4 EL Kren / Meerrettich
frisch gerieben

Die Senfkörner rösten und gemörsert und in ein gut verschließbares Schraubglas füllen. Das Meersalz, Essig, Rosenpaprika, Olivenöl, braunen Zucker sowie den Apfelsud dazugeben und gut schütteln.
In einer Schüssel die roten Rüben mit den Äpfeln vermischen und mit der Marinade übergießen.
30 Minuten ziehen lassen.
(Der Rübensalat wird umso schmackhafter, je länger er zieht.)
Mit den Sonnenblumenkernen und frisch geriebenem Kren / Meerrettich servieren.

KNOBLAUCH-VINAIGRETTE

MARINADE-VARIATIONEN:
Schmeckt gut zu gekochter Gerste oder Polenta. Verschiedene Öl- oder Essigsorten verändern den Geschmack, zum Beispiel Walnussöl und Balsamico-Essig.

TIPP: Die Marinade hält sich ca. 1 Woche lang im Eiskasten und passt auch gut zu anderen Gemüsesorten, Blattsalaten oder gekochtem Getreide.

4 EL Genmai-Su
2 EL Gemüsebrühe ohne Hefe
1 TL Apfeldicksaft
2 EL Ume-Su
8 EL Olivenöl
1 TL Byodo-Senf mittelscharf
2 Knoblauchzehen gepresst
ca. 1-2 TL Reissirup
4 EL Soja-Sahne

Genmai-Su, Gemüsebrühe, Apfelsaftdicksaft und Ume-Su in einen Schüttelbecher oder in ein Schraubglas geben und kräftig vermengen. Olivenöl, Senf, gepressten Knoblauch und Reissirup zugeben.

Alles noch einmal kräftig schütteln. Bei Bedarf mit frischem schwarzem Pfeffer aus der Mühle würzen.

Eine leckere Salatsoße, die mit frisch gehackten Kräutern noch besser wird.

die allerfeinsten
gourmetsuppen der welt
mit dem höchsten
gesundheitlichen nutzen

GUTEN-MORGEN-GEMÜSESUPPE „DRUIDENTRANK"

15 g getrocknete Shitakepilze eingeweicht und in Stücke geschnitten
25 g getrockneter Sengiri-Rettich eingeweicht und durchgeschnitten
3 mittelgroße Zwiebeln gehackt oder in Streifen
3 mittlere Karotten gewürfelt oder in groben Scheiben
1 Stange Lauch grob geschnitten
1-2 kleine Knollen Ingwer gerieben
4 EL Shoyu
frische gehackte Kräuter aller Art nach Belieben

Pilze und Rettich mindesten 1/2 Stunde einweichen oder über Nacht im Kühlschrank. Das Einweichwasser wird zum Kochen verwendet. In einen Topf ca. 1,5 Liter Wasser geben. Eingeweichte, aufgeschnittene Pilze und Rettichstreifen mit dem Einweichwasser zugeben. Die Zwiebeln zugeben und alles ca. 1/2 Stunde zugedeckt kochen. Jetzt die Karotten zugeben, 5 Minuten kochen. Porreestücke und/oder anderes feingeschnittenes Gemüse (Wirsing, Brokkoli, Weißkohl...) zugeben und auf kleiner Stufe ein paar Minuten weiterköcheln, es sollte nach dem Kochen noch etwas „Biss" haben. Topf von der Kochstelle nehmen: Suppe mit einigen Esslöffeln Shoyu (nach Geschmack) würzen und abschmecken. Geriebenen Ingwer einrühren. Mit frischen Kräutern bestreuen.

Die Suppe hält im Kühlschrank einige Tage. Beim Aufwärmen darauf achten, dass sie nur vorsichtig erwärmt werden darf, um die wertvollen Inhaltsstoffe bzw. die Fermentation nicht zu zerstören.

Pilze und Rettich haben eine hohe natürliche Wirkung zum Entgiften und Entschlacken. Sie sind Fettburner 1. Güte. Diese Suppe bezeichnen wir als Druiden-Tank, denn sie lädt jeden Morgen Ihre Batterie neu auf und versorgt Sie mit den notwendigen Basen, um den Tag energetisch zu meistern. Diese Grundlage lässt Sie den Kaffee danach ohne Reue genießen.

BLUMENKOHL ‚PÖRKÖLT'

1 kg Blumenkohl
3 EL Sesamöl
1 Zwiebel
100 ml Gemüsebrühe
1 TL Paprikagewürz
2-3 TL Ume-Paste
klein geschnittenen frischen Ingwer

Der Blumenkohl wird, gut gewaschen, in kleine Röschen geschnitten. Dünsten Sie die klein geschnittenen Zwiebeln im Sesamöl an, bis sie glasig sind. Das Paprikagewürz einstreuen, rühren, die Blumenkohlröschen und den Ingwer dazu geben, kurz rühren und mit die Brühe aufgießen, mit Ume-Paste würzen und bei kleiner Hitze abgedeckt kochen lassen, bis der Blumenkohl weich ist.

SPINATPÜREE

600 g Spinat
3 EL Öl
3 EL Dinkelmehl
1 l Soja-Milch
1 TL Ume-Paste
2 Knoblauchzehen
1 TL Pfeffer

Den Spinat gut waschen und in wenig Wasser dünsten, dann mit dem Handmixer pürieren.
Das Öl erhitzen, das Dinkelmehl einstreuen und unter Rühren goldgelb anschwitzen, mit dem pürierten Spinat ablöschen, gut durchrühren und mit Soja-Milch aufgießen, unter Rühren aufkochen lassen.

Mit geriebenem Knoblauch, Pfeffer und Ume-Paste würzen.

SAUERKRAUT IM TOMATENBAD

500 g Sauerkraut
500 ml Tomatensoße
100 ml Gemüsebrühe
4 EL Öl
2 EL Mehl
2 EL Reissirup

Das Sauerkraut in Öl dünsten. (Wenn Sie Sauerkraut aus der Dose verwenden, können Sie die Flüssigkeit aus der Dose später dazu geben.) Dann mit Tomatensoße aufgießen. Das restliche Öl in einem zweiten Topf erhitzen, das Mehl einstreuen und unter Rühren goldgelb anschwitzen, mit der Brühe ablöschen. Kräftig Rühren bis sich alle Klümpchen gelöst haben.

Den ersten Topf mit der Kraut-Tomaten-Mischung dazugeben. Mit Reissirup würzen.

GRÜNE BOHNEN MIT TOMATENSOSSE

1 kg Grüne Bohnen
1 Liter Tomatenmus
2 EL Maiskeimöl
2 EL Dinkelmehl
1/2 Tasse Wasser
1–2 EL Reissirup
2 TL Ume-Paste
evtl. einen Schuss Soja-Sahne

Bohnen waschen, putzen und im Dampftopf garen. Das Maiskeimöl erhitzen, das Dinkelmehl einstreuen, unter Rühren goldgelb anschwitzen. Die Pfanne vom Herd nehmen, mit dem bereitgestellten lauwarmen Wasser aufgießen und kräftig rühren, bis sich alle Klümpchen lösen. Die pochierten Tomaten zu Mus pürieren, dann das Tomatenmus langsam in die Pfanne gießen und weiterhin kräftig rühren, kurz aufkochen lassen.

Mit Reissirup und Ume-Paste würzen.

Die fertige Tomatensoße auf die Bohnen gießen und kurz alles aufkochen. Dann auf dem Teller anrichten und mit Sojasahne dekorieren.

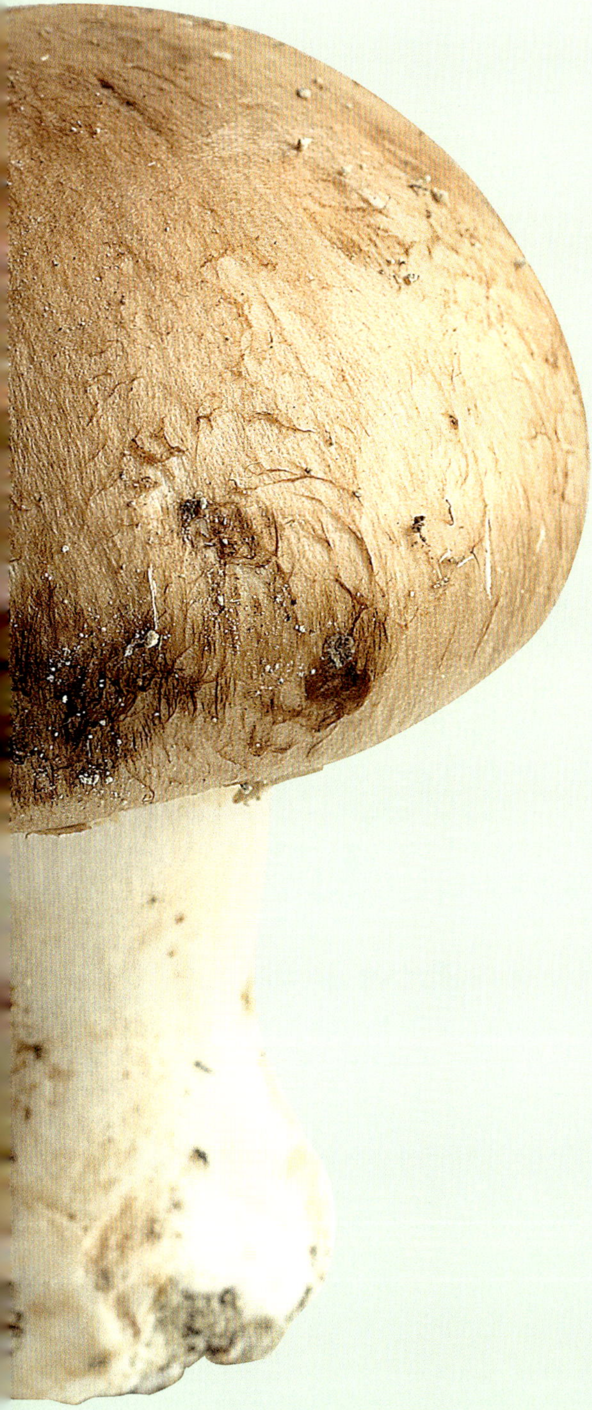

FEINE, FRUCHTIG-PIKANTE POLENTA-GEMÜSE-LASAGNE

(für mittelgroße Auflaufform
oder in hoher Pfanne)
300g Polenta
30g Parmesan gerieben
1 Prise Natur-Steinsalz

Tomatensauce
(wird als Füllung benötigt):
1 kg reife Tomaten
2 EL Tomatenmark
1 mittelgroße Zwiebel
1 EL Sesamöl
1 Knoblauchzehe
Natur-Steinsalz
Pfeffer aus der Mühle
Etwas Oregano

Gemüse (Füllung):
ca. 400g Champignons
ca. 200g Austernpilze
2 mittelgroße Zucchini
3-4 bunte Paprika
Natur-Steinsalz
Pfeffer aus der Mühle

Die Polenta, Salz und Parmesan in kochendes Wasser geben, unter Rühren aufkochen lassen und 10 Min. quellen lassen. Die noch heiße Polenta in drei Portionen aufteilen, und jede Portion auf einem eingeölten Blech (es eignet sich auch Backpapier) mit einer Teigkarte flach auseinanderstreichen. Die Form der Polentaplatten richtet sich nach der Form der jeweiligen Auflaufform. Wenn man die Teigkarte zwischendurch in warmes Wasser taucht, lässt sich die heiße Polenta sehr gut in die gewünschte Form bringen. Die Polentaplatten gut auskühlen lassen!
Die Tomaten vierteln, die Zwiebel und die Knoblauchzehe in feine Würfelschneiden. Die Zwiebel und den Knoblauch in dem Sesamöl schön goldgelb angehen lassen, dann das Tomatenmark dazugeben und kurz unterrühren.
Die Tomaten hinzugeben und ca. eine halbe Stunde köcheln lassen, mit einem Pürierstab gut durch mixen und mit Steinsalz, Pfeffer aus der Mühle und Oregano würzen. Das Gemüse in Würfel von ca. 2 cm schneiden und in etwas Sesamöl kräftig anrösten.
Mit Salz und Pfeffer würzen. Nun die Auflaufform zuerst mit einer abgekühlten Polentaplatte auslegen, dann eine Schicht geröstetes Gemüse gleichmäßig auflegen und darauf die Tomatensauce, dann wieder eine Polentaplatte usw.

Zum Schluss muss obenauf eine Schicht Gemüse abschließen.

Die Lasagne bei ca. 175° C für 10 Minuten in den Backofen schieben.

Genuss ohne Reue · SEITE 80

DRESSING ODER MAYONNAISE

1 Tasse Olivenöl
1/2 Tasse Ume-Paste
1/2 Tasse Byodo-Senf
1/2 Tasse Apfeldicksaft
1/2 Tasse Mirin
1 Tasse Sojasahne
1 Spritzer Genmai-Su

Mit dem Pürierstab verrühren, so dass eine Creme entsteht. In einem Schraubglas im Kühlschrank gut zwei Wochen haltbar.

Da diese Mayonnaise rein pflanzlich ist und mit Yin und Yang ausgeglichen, ist sie nicht nur lange haltbar, sondern auch gesund und äußerst schmackhaft.

Endlich die gesunde Sünde!

Diese Mayonnaise hilft dem Stoffwechsel, Sie macht sogar schlank und fit durch die Kombination von Yin-Öl und Yang-Ume-Paste. Das alte Fett in unserem Körper wird durch das neue ersetzt. Ein neues Yin wird durch die Kraft des Yang in die Zelle hineintransportiert.

der mensch ist nicht mehr
als eine pflanze,
die laufen gelernt hat

BLUMENKOHL-CREMESUPPE

1 kg Blumenkohl
Soja-Sahne
Ca. 1 EL Ume-Paste
Muskat, Kurkuma
Frische Kräuter
1-2 EL ger. Ingwer

Den Blumenkohl waschen, zerkleinern und in wenig Wasser weich kochen, anschließend mit Ume-Paste leicht salzen und dann pürieren.Mit Muskat und Ingwer abschmecken, ein bisschen Kurkuma ergibt eine schöne goldgelbe Farbe. Suppe mit einem Schluck Sahne ergänzen.Frische Kräuter, gewaschen und zerkleinert, kurz vor dem Servieren über die Suppe geben oder extra dazu reichen.

Tipp: Geröstete Sonnenblumenkerne schmecken köstlich dazu, noch gesünder sind geröstete Kürbiskerne.

BROKKOLI-CREMESUPPE

1 kg Brokkoli
Ume-Paste
1-2 EL Ingwer
Soja-Sahne
Shoyu

Brokkoli zerkleinern, die Stängel schälen und Röschen und Stängel in wenig Wasser kochen. Die Ume-Paste und der Ingwer werden hinzugefügt, anschließend bitte alles pürieren. Mit wenig Shoyu abschmecken und Soja-Sahne nach Belieben hinzufügen.

Tipp: Geröstete Pinienkerne oder gehobelte Mandeln zum Garnieren verwenden.

KÜRBIS-CREMESUPPE

1 kg Hokkaido-Kürbis
Ume-Paste
1-2 EL Ingwer
Shoyu
Soja-Sahne
Kürbiskernöl
Kresse

Den Hokkaido-Kürbis waschen, halbieren und die Kerne entfernen (die Schale bitte mit verarbeiten), zerkleinern und in wenig Wasser weich kochen; die Ume-Paste und Shoyu hinzugeben und pürieren. Den frisch geriebenen Ingwer dazu geben. Dann die Soja-Sahne und das Kürbiskern-Öl dekorativ mit einem Kochlöffel in die Suppe malen und mit Kresse garnieren.

KOHLSUPPE

1 kg Weißkraut
Ume-Paste
Mirin
Shoyu
1-2 EL Ingwer
Soja-Sahne
Muskatnuß
Rapskern-Öl

Weißkohl vierteln, mit Wasser aufgießen und weich kochen. Mit Ume-Paste pürieren. Mit Shoyu, Mirin, Muskat, dem frisch geriebenen Ingwer und Soja-Sahne abschmecken. Zum Schluss einen kleinen Schuss Rapskernöl unterrühren.

ZUCCHINISUPPE

1/2 kg Zucchini
Sesam-Öl
2 Zwiebeln
1/2 kg Karotten
biol. Gemüsebrühe ohne Hefe
Shoyu
Soja-Sahne

Zwiebeln würfeln, Zucchini und Karotten in Scheiben schneiden. Die Zwiebeln goldgelb in Sesam-Öl anbraten, dann Karotten und Zucchini hinzufügen. Mit Wasser aufgießen und die Gemüsebrühe dazu geben. Mit Shoyu würzen und mit etwas Soja-Sahne verfeinern.

SELLERIESUPPE

4 Stangen Sellerie
Shoyu & Mirin
Soja-Sahne

Den Stangensellerie in kleine Würfel schneiden, Grünes vom Sellerie mit verarbeiten. In Wasser 20 Min. aufkochen lassen und dann pürieren. Mit Shoyu und Mirin abschmecken und mit Soja-Sahne verfeinern.

CREME-SUPPEN SIND DICKE SCHLANKMACHER. SIE SIND GUT FÜRS GEMÜT, DIE SEELE UND DIE HORMONE (SEHR GUT GEEIGNET IN DEN WECHSELJAHREN)

lange hab ich mich gesträubt,
endlich gab ich nach,
wenn der alte mensch
zerstäubt, wird der neue wach

j. w. goethe

SAUERKRAUT-KAROTTEN-SALAT

– EINE MILDE KÖSTLICHKEIT

500 g biologisches Sauerkraut
500 g Karotten geraspelt
100 g Rosinen
1/2 Päckchen Mandelstifte oder Mandelblättchen
Saft einer Zitrone
ca. 3-4 EL Apfeldicksaft

Sauerkraut eventuell ein paar mal durchschneiden, falls die Krautfäden zu lang sind. Karotten fein raspeln und mit dem Kraut in einer großen Schüssel gut vermengen. Die Rosinen und Mandelstifte zugeben, den Zitronensaft darüber träufeln, alles gut vermengen. Mit Marinade übergießen und wieder alles gut vermengen.

Zum Schluss mit Apfeldicksaft abschmecken. Rosinen, Mandeln und Marinadezutaten können nach eigenem Geschmack ganz beliebig in der Menge variiert werden.

Der Salat sollte mindestens 1/2 Std., besser einige Stunden ziehen, um sein Aroma zu entfalten.

Passt gut zu allen gebratenen Seitan- oder Tofugerichten.

COUS COUS
PIKANTE VARIANTE

1–2 TL Olivenöl

500 g Spargel grün ungeschält, in ca. 2 cm lange Stücke geschnitten

1 TL Fenchelsamen frisch gemahlen / gemörsert

1 TL Kreuzkümmel frisch gemahlen / gemörsert

1 TL Senfsamen frisch gemahlen / gemörsert

unraffiniertes Meersalz nach Geschmack

1 TL Zitronensaft

1 kleine Chilischote frisch entkernt und fein geschnitten

5 Tassen heißes Wasser

1 TL Butter oder 1 TL Olivenöl

1 TL Koriander frisch gemahlen / gemörsert

1 Knoblauchzehe zerquetscht

1 Spritzer kaltes Wasser

2 Tassen Cous Cous

1/2 Bund Petersilie grob gehackt

2–4 EL Alfalfa-Sprossen

In einer Pfanne das Öl erwärmen, Spargel, Fenchelsamen, Kreuzkümmel, Senfsamen, Meersalz, Zitronensaft und die Chilischote anbraten.
Mit dem heißen Wasser aufgießen, Fett hinzufügen und mit Koriander und Knoblauch würzen. Einen Spritzer kaltes Wasser und Cous Cous unterrühren und zugedeckt kurz quellen lassen. Mit Petersilie und Sprossen servieren.

COUS COUS
SÜSSE VARIANTE

1 Tasse kaltes Wasser
4 Tassen Apfelsaft
1 Prise Curcuma
3 Fäden Safran
in etwas Wasser eingeweicht
1 Tasse Rosinen
eingeweicht und abgetropft
1 Tasse Marillen eingeweicht
und abgetropft, klein geschnitten
3 EL Mandeln grob gehackt
1/2 TL Bourbonvanillepulver
Sternanis frisch gemahlen / gemörsert
nach Geschmack
1 Prise unraffiniertes Meersalz
2 Tassen Cous Cous

Wasser, Apfelsaft, Curcuma und Safran in einen Topf geben, Rosinen, Marillen und Mandeln hinzufügen und alles zum Kochen bringen. Mit Bourbonvanillepulver, Sternanis und Meersalz würzen und das Cous Cous unterrühren. Zugedeckt einige Minuten nachquellen lassen.

VARIATIONEN: Mit Mandelmus, Powidl / Pflaumenmus oder püriertem gekochtem Obst, z.B. Erdbeermus, verfeinern.

COUS COUS
SCHNELLE VARIANTE

5 Tassen Gemüsefonds
(Zubereitung: siehe Rezept
Gemüsefonds – Kapitel Wasser)
1 TL Olivenöl
2 EL Pfefferminze grob gehackt
unraffiniertes Meersalz
nach Geschmack
2 Tassen Cous Cous
1 Bund Petersilie grob gehackt

Den Gemüsefonds zum Kochen bringen, Öl, Pfefferminze, Salz und Cous Cous unterrühren.

Kurz zugedeckt quellen lassen und mit Petersilie servieren.

wer glaubt, dass nahrung nicht
den menschen manipuliert,
soll einfach ein glas sekt
trinken... und dann...?

CHICOREE-FENCHEL-GEMÜSE

1 Chicoree
1 Fenchelknolle
Sesamöl
Wasser
1–2 TL Shoyu

Chicoree und Fenchel halbieren, in Sesamöl langsam knusprig braten. Mit etwas Wasser ablöschen und Shoyu dazugeben.

PORREE-GEMÜSE

1–2 Stangen Porree (Lauch)
1 EL Ume-Paste
1–2 EL Kuzu

Das Gemüse waschen, in Streifen oder Scheiben schneiden und in wenig Wasser garen. Mit der Ume-Paste abschmecken. Eventuell mit etwas Kuzu andicken. Dazu das Kuzu in wenig kaltem Wasser auflösen und es unter das heiße Gemüse rühren. Nochmal alles kurz aufkochen, fertig!

LECKERE TOFU-GEMÜSESUPPE MIT GLASNUDELN

50 g Glasnudeln
4-5 getrocknete chinesische Morcheln oder Shitake-Pilze
100 g Chinakohl (oder Wirsingblätter)
1 Zwiebel
3 Frühlingszwiebeln
100 g Zuckerschoten
750 ml Tee-Gemüsebrühe
250 g Tofu natur
2 EL geröstetes Sesamöl
3-4 EL Shoyu
3 EL Ume-Su
1/2 TL Kurkuma-Pulver
1/2 TL zerdrückte Korianderkörner
1 EL geriebenen Ingwer
bunter Pfeffer aus der Mühle

Glasnudeln mit heißem Wasser übergießen, klein schneiden. Pilze mit warmem Wasserbedeckt 10 Min. einweichen. Chinakohl putzen und in Streifen schneiden. Frühlingszwiebeln waschen, in 1 cm dicke Scheiben schneiden. Zuckerschoten waschen und putzen. Tofu in ca. 1 cm große Stücke schneiden und im Öl in beschichteter Pfanne hellbraun anbraten, dann Zwiebeln und Chinakohl dazugeben, 3-4 Min. anschwitzen. Mit Brühe aufgießen, Pilze und Zuckerschoten hinzugeben, noch 10 Min zugedeckt köcheln lassen. Jetzt Herd abschalten, Glasnudeln hinzugeben und 5 Min. ziehen lassen. Mit Shoyu Ume-Su, Kurkuma, Ingwer und Pfeffer würzen und servieren.

Diese Suppe ist kräftigend und substanzaufbauend, man kann sie ohne weiteres als Hauptmahlzeit genießen.

BUNTER SALATTELLER

1/2 Salatgurke
5–6 Radieschen, fein geschnitten
1 Körbchen Senfkresse
(oder eine gute Hand voll
Senfkornsprossen)
ca. 300 g Ruccola
50 g kleine Oliven
1 Bund Schnittlauch
1–2 Schalotten

DRESSING

Dressing/Mayonnaise (s. S. 81)
oder Knoblauch- Vinaigrette (s. S. 73)

Ruccola oder Salat Ihrer Wahl waschen und zerkleinern, Salatgurke und Radieschen in dünne Scheiben schneiden. Alle Salatzutaten in einer großen Schüssel mischen. Das vorbereitete Dressing darüber geben und den fertigen Salat mit Schnittlauch garnieren.

die wurzel des guten
liegt in den gewürzen.
gewürze ist alles:
gefühl, liebe, medizin,
temperament
ohne würze kein leben.

Genuss ohne Reue – SEITE 92

FRÜHSTÜCK — Quinoa süß oder pikant
Quinoa mit Marillen
Quinoa mit Petersiliensalat

ZWISCHENMAHLZEIT — Gemüsestäbchen

MITTAGESSEN

SUPPE — Gurkensuppe
VORSPEISE — Blattsalate mit Früchten
HAUPTSPEISE — Lopinotaler
Apfel-Kren / Meerrettich-Soße
NACHSPEISE — Melonenkompott
Himbeergelee

ABENDESSEN — Sprossen-Pilz-Pfanne mit Reisnudeln

GETRÄNKE — Eisenkraut-Melissen-Lavendel-Tee
Frischer Salbeitee mit Zitronenscheiben

QUINOA MIT MARILLEN

4 Tassen kaltes Wasser
1 Spritzer Zitronensaft
2 Tasse Quinoa
10 Marillen entkernt und geviertelt
1 TL Mascobadozucker
2 EL Pinienkerne geröstet
1/2 TL Koriander frisch gemahlen / gemörsert
1 Prise unraffiniertes Meersalz
1 Spritzer Zitronensaft
1/2 TL Bio-Zitronenschale frisch gerieben

In einem Topf mit gut schließendem Deckel das Wasser mit Zitronensaft, Quinoa, Marillen, Zucker und den Pinienkernen vermischen, mit Koriander, Meersalz, Zitronensaft und Zitronenschale würzen. Alles zum Kochen bringen und zugedeckt noch ca. 10–15 Min. köcheln bzw. nachquellen lassen.

TIPP: Für dieses Rezept ist jede Obstsorte geeignet. Variationen mit Trockenfrüchten sind ebenfalls sehr schmackhaft.

QUINOA MIT PETERSILIENSALAT

4 Tassen kaltes Wasser
1 Spritzer Zitronensaft
2 Tassen Quinoa
1/2 TL Olivenöl
1 Prise Pfeffer
1 Prise unraffiniertes Meersalz

In einem Topf mit gut schließendem Deckel das Wasser, Zitronensaft und Quinoa verrühren, Öl, Pfeffer Meersalz dazugeben. Aufkochen lassen und zugedeckt noch ca. 10–15 Min. köcheln bzw. nachquellen lassen.

TIPP: Mehr davon kochen und als Suppeneinlage, Beilage für Mittag bzw. Abend oder als Basis für einen süßen Nachmittagssnack verwenden.

PETERSILIENSALAT

3–4 Bund Petersilie grob gehackt
1/2 TL Bockshornkleesamen
frisch gemahlen / gemörsert
1–2 EL Cashewnüsse grob zerkleinert
1–2 EL Olivenöl
1/2 TL Piment
frisch gemahlen / gemörsert
unraffiniertes Meersalz
nach Geschmack
1–2 EL Zitronensaft oder Limettensaft

Die gehackten Petersilienblätter, Bockshornkleesamen, Cashewnüsse, Olivenöl, Piment, Meersalz und Zitronensaft miteinander in einer Schüssel vermischen und kurz durchziehen lassen. Mit Quinoa servieren.

VARIATIONEN sind mit Minze, Ruccola, Brunnenkresse oder anderen frischen Kräutern, einzeln oder in Kombination, möglich. Bereichert die Geschmacksvielfalt.

GEMÜSESTÄBCHEN – FINGERFOOD

2 Kohlrabi in 2–3 cm lange Stifte geschnitten

1 Bund Babykarotten in 2–3 cm lange Stifte geschnitten

1 Prise Pfeffer frisch gemahlen / gemörsert

2–5 EL Shiro-Miso

1 EL Zitronensaft

1–2 Wacholderbeeren zerquetscht

2 EL schwarzer Sesam frisch gemahlen / gemörsert

Das Gemüse mit dem Pfeffer, Miso, Zitronensaft und den Wacholderbeeren vermischen, in einen Glasbehälter mit gut schließendem Deckel geben und mind. einen Tag ziehen lassen (bis zu 3 Tage). Anschließend mit dem schwarzen Sesam bestreuen. Shiro-Miso ist das weichste Miso und lässt sich leicht vermischen.

VARIATIONEN: Mit Gurken, Stangensellerie, Rettich, Radieschen (blättrig geschnitten).

TIPP: Schmeckt auch als Suppeneinlage oder kleine pikante Beilage zu Getreide oder Hülsenfrüchten gut.

GURKENSUPPE

2 EL Sesamöl geröstet
1 Suppengrün klein würfelig geschnitten
1 große Gurke klein würfelig geschnitten
1/2 TL Ingwerwurzel frisch gerieben
unraffiniertes Meersalz nach Geschmack
6 Tassen heißes Wasser
1/2 Tasse Weißwein
1 EL Wacholderbeeren zerdrückt
1–2 EL Bockshornkleesamen
frisch gemahlen
1 Zweig Rosmarin gerebelt
1 EL Kuzu mit 3–4 EL kaltem Wasser
1 Knoblauchzehe zerdrückt
Tamari nach Geschmack
1 EL Zitronensaft
2–5 Blätter frischer Salbei zerkleinert
Borretschkraut und Borretschblüten

Das Öl erwärmen und Suppengrün, Gurke, Ingwer und Meersalz anbraten. Mit heißem Wasser und Weißwein aufgießen. Mit Wacholderbeeren, Bockshornkleesamen und Rosmarin würzen und weichkochen. Anschließend das Kuzugemisch, Knoblauch und Tamari hinzufügen und im Topf pürieren. Abschmecken mit Zitronensaft und Salbei. Eventuell mit Borretschkraut und Borretschblüten dekoriert servieren.

GESCHMACKSVARIATIONEN:

- mit 1 Bund fein gehackter Dille
- mit 1 Bund grob gehacktem Basilikum
- mit 1 Bund fein gehacktem grünen Koriander
- mit 1 Schachtel Kresse

TIPP: Bei großem Hunger kann man die Gurkensuppe mit gekochtem Reis, Congee oder Glasnudeln servieren.

essen im reich der sinne

SEITAN-APFEL-PFANNE

1 große Zwiebel grob gewürfelt
2 Knoblauchzehen fein gewürfelt
7 EL Sonnenblumenöl
3 EL feinst gehackten Ingwer
1/2 Weißkohl in grobe Stücke geschnitten
1 Paprikaschote rot / 1 Paprikaschote grün
1/4 bis 1/2 l Wasser oder Gemüsebrühe
200 g Champignons grob geschnitten
3 Äpfel in sehr grobe Würfel geschnitten
250 g Seitan in groben Würfeln
1 TL Kurkuma
1–2 TL Curry mild oder scharf, je nach Geschmack
ca. 1 EL Ume-Paste (Menge nach Geschmack)
ein wenig Shoyu zum letzten Abschmecken
Apfeldicksaft zum Abrunden des Gerichts
Soja-Sahne

Öl in die heiße Pfanne geben. Zwiebeln und Knoblauch unter Rühren goldgelb dünsten.
Auf hoher Flamme den Seitan zusammen mit dem Ingwer 2–3 Minuten scharf anbraten. Jetzt Kohl und Paprika zugeben, gut rühren und etwas Wasser oder Brühe zugeben. Champignons und Äpfel zugeben. Flüssigkeitszugabe nach Geschmack.
Als nächstes Kurkuma und Curry zugeben.
Ume-Paste in einer Tasse mit wenig Wasser auflösen und dazugeben.
Mit einem Schuss Apfeldicksaft, Shoyu und Soja-Sahne das Gericht fein abstimmen.

SEITAN-ZWIEBELROST-BRATEN

500 g Seitan
500 g Zwiebeln
Shoyu
Rapskernöl

Seitan in fingerdicke Scheiben schneiden, in der Pfanne mit reichlich Öl knusprig goldbraun braten.
Die in Ringe geschnittenen Zwiebeln in einer 2. Pfanne rösten, den Seitan aus der Pfanne nehmen und warm stellen. Den Bratenfonds mit etwas Shoyu und Soja-Sahne ablöschen.Die Seitan-Scheiben auf einem Teller anrichten, mit Sauce übergießen und mit den knusprigen Zwiebelringen garnieren.Dazu Knödel reichen und einen Gurkensalat.

SEITAN-CHAMPIGNON GESCHNETZELTES (6-8 Personen)

1 kg Seitan in feine Streifen geschnitten
Rapskernöl
300 g Champignons in groben Scheiben
3 Zwiebeln halbieren
und in feine Streifen schneiden
100 ml Shoyu mit 300 ml Wasser
1 EL Ume-Paste
Schwarzer Pfeffer
1 Bund Petersilie fein gehackt
1 EL Dinkelmehl
1 Soja-Sahne

Reichlich Öl in heiße Pfanne geben, Zwiebeln darin goldgelb dünsten. Seitan zugeben und bei guter Hitze 5-7 Minuten rösten, dabei ständig umrühren. Champignons zugeben, Hitze reduzieren und alles ca. 5 Minuten unter Rühren weiterdünsten. Ume-Paste in etwas Wasser verrühren und über das Geschnetzelte gießen, gut vermengen. Danach das Dinkelmehl über den Pfanneninhalt sieben, kurz umrühren und sofort mit der Shoyu-Verdünnung aufgießen, gut umrühren und aufkochen lassen. Pfeffer zugeben und die Pfanne von der Kochplatte nehmen.

Die Soja-Sahne und Petersilie zugeben, gut vermischen und nochmals abschmecken. Wenn es „salziger“ schmecken soll, evt. mit Shoyu nachwürzen.

Dazu passen Semmelknödel wunderbar!

wenn der geist hungert,
frisst der leib

Genuss ohne Reue – SEITE 102

BLATTSALATE MIT FRÜCHTEN

4 Handvoll sommerliche Blattsalate mundgroß zerkleinert, z.B. Kopfsalat, Eisblatt, Batavia, Romana, Lollo Rosso, Rucola, Radicchio, Löwenzahn, junge Spinatblätter etc.
(eine oder mehrere Sorte(n)
2 Handvoll sommerliche Obstsorten wenn nötig entkernt und würfelig geschnitten, z.B. Erdbeeren, Himbeeren, Kirschen, Marillen, Pfirsiche, Zuckermelone, Wassermelone, Grapefruit, Weintrauben etc.,
(eine oder mehrere Sorte(n)
2 Handvoll frische Kräuter fein gehackt z.B. Estragon, Kerbel, Schnittlauch, Dille, Minze etc.,
(eine oder mehrere Sorte(n)

Für die Marinade:
1 TL kaltes Wasser
3 EL Balsamico-Essig oder unpasteurisierter Rotwein-Essig
1 EL Ysop fein gehackt
5 EL Olivenöl
1 EL schwarzer Sesam geröstet und frisch gemahlen / gemörsert
1 TL Honig
1 Prise weißer Pfeffer
unraffiniertes Meersalz nach Geschmack
1 EL Bio-Zitronenschale frisch gerieben

Gewaschenen und gut abgetropften Blattsalat, Früchte und Kräuter in einer Glasschüssel vermengen und ganz kurz vor dem Servieren mit der Marinade übergießen. Mit geriebener Zitronenschale servieren.

Marinade:
Wasser, Essig, Ysop, Olivenöl, schwarzen Sesam, Honig, Pfeffer, Meersalz und Zitronensaft mit einer Gabel oder einem Schneebesen emulgieren oder alle Zutaten in ein Schraubglas geben, gut verschließen und schütteln.

TIPP: Die Marinade ist im verschlossenen Glasbehälter mehrere Tage im Kühlschrank haltbar.

LECSÓ

3 große Paprika
3 große Tomaten
2 große Zwiebeln
1 EL Ume-Paste
1 TL Paprikagewürze
1/2 TL Pfeffer
1 TL Mexikogewürze Mischung
frisch geriebenen Ingwer
nach Geschmack
2 EL Bolognese- oder Tomatensoße
4 EL Sesamöl

Die klein geschnittenen Zwiebeln in Öl glasig dünsten. Die Paprikas und die Tomaten schneiden und dazu geben. Dann mit Paprikagewürz, Mexikogewürz, Ingwer und Pfeffer abschmecken. Auf kleiner Hitze mit geschlossenem Deckel eine halbe Stunde kochen lassen. Mit Ume-Paste abschmecken. Passt gut zu Reis oder Nudeln!

Variante: es schmeckt auch mit Sojagranulat

Das eingeweichte Sojagranulat muss man vor den Paprikas und Tomaten zu den Zwiebeln geben.

NUDELN MIT WEISSKOHL

1 Weißkohlkopf
250 g Mandel-Nuss-Tofu
500 g Bandnudel
3 EL Sesamöl
1 TL Reissirup
2 TL Pfeffer
Ume-Su

Den sehr klein geschnittenen Weißkohl mit Ume-Su mischen und 1/2 Stunde durchziehen lassen.
Das Sesamöl erhitzen, den in Würfel geschnittenen Tofu leicht anbraten und den Kohl dazu geben.
Mit Reissirup und Pfeffer würzen und schmoren lassen, bis der Kohl braun wird. Den fertigen Kohl unter die gekochten Nudeln mischen.

ÜBERBACKENER WIRSING / KOHL MIT REIS

1 Tasse Reis
4-5 große schöne Wirsingblätter
150 g klein geschnittenen Tofu natur
100 ml Gemüsebrühe
150 ml Soja-Sahne
1/2 TL Pfeffer
1 TL Paprika
Ein kleines Stück
frisch geriebenen Ingwer
1 große Zwiebel
4-5 EL Sesamöl
2 TL Ume-Paste
Petersilie
Frische Kräuter

Reis (wie bekannt) kochen.

Öl in einer Pfanne erhitzen und die klein geschnittene Zwiebel dazugeben.

Wenn die Zwiebelstückchen glasig sind, den Tofu dazugeben und anbraten. Mit Paprika und Pfeffer würzen und mit Brühe aufgießen. Auf kleiner Flamme mit geschlossenem Deckel 1/2 Stunde kochen lassen. Zum Schluss mit Ume-Paste und Petersilie würzen. Die Wirsing Blätter waschen und ein paar Minuten im heißem Wasser köcheln lassen.

Den Reis in eine gefettete Auflaufform geben, dann die Zwiebel-Tofu-Mischung dazugeben und mit den Wirsing- / Kohlblättern abdecken. Mit Sahne übergießen, mit Kräutern bestreuen und bei 180° C ca. 30 Minuten backen.

Genuss ohne Reue · SEITE 106

SEITAN BOLOGNESE (für ca. 8 Personen)

8–10 EL Rapskernöl
400 g Zwiebel gewürfelt
70 g Ingwer fein gehackt
30 g Knoblauch fein gehackt
1/2 kleine Sellerieknolle fein gewürfelt oder 2 Karotten
350–400 g Seitan feinstens gewürfelt
700 g Zucchini fein gewürfelt
500 g Lauch fein geschnitten
1–2 TL Kardamom gemahlen
1 kl. Glas getrocknete Tomaten in Olivenöl ganz fein geschnitten
2 Kräuter-Brühwürfel in 400 ml Wasser aufgelöst
1 Bund Frühlingszwiebel fein geschnitten
1 EL Ume-Paste
Kurkuma, Rosmarin und Oregano verwenden
1 Gemüse-Bolognese aus dem Glas
1 Soja-Sahne
1 großer Becher (500 ml) Soja-Joghurt natur
4–6 EL Shoyu
3–4 EL Apfeldicksaft

SEITAN BOLOGNESE (FORTSETZUNG)

Das Öl in eine heiße Pfanne geben, Zwiebel, Knoblauch, Ingwer und Sellerie/Karotten darin goldgelb dünsten, dann den Seitan zugeben und unter Rühren ca. 5 Minuten anbraten.Hitze reduzieren.
Lauch zugeben und ein paar Minuten unter Rühren dünsten, Zucchini zugeben und ein paar Minuten mitdünsten. Getrocknete Tomaten, Kardamom zugeben. Mit der Brühe aus den Kräuterwürfeln aufgießen. Ume-Paste in etwas Wasser anrühren und in die Pfanne geben. Kurkuma, Rosmarin und Oregano einrühren, dann die Gemüse-Bolognese aus dem Glas zugießen. Frühlingszwiebeln zugeben und vorsichtig unterrühren.
Alles ca. 5 Minuten zugedeckt leicht köcheln lassen. Soja-Sahne und Soja-Joghurt unterrühren, mit Shoyu abschmecken, den Apfeldicksaft zugeben und nochmals abschmecken.

VARIANTE 1

Statt Seitan können Sie auch klein gewürfelten Tofu anrösten und mit Shoyu vorsichtig abschmecken.

VARIANTE 2

Tempeh mit der Gabel locker zerdrückt in der Pfanne mit Öl anbraten und mit Shoyu abschmecken.

TOFU-GEMÜSE-PFANNE

Rapskernöl
300 g Tofu
2 mittelgroße Zucchini
2 mittelgroße Pastinaken
4 große Karotten
4 Zwiebeln
1 Tasse kleingehackter Ingwer
1 Tasse Frühlingszwiebeln
1/2 TL grüne Currypaste (sehr scharf)
Kurkuma
Gemahlener Koriander
Curry
1-2 Knoblauchzehen
1 EL Ume-Paste
2 Brühwürfel
Shoyu
1 Becher Soja-Sahne
200 g frische Champignons
frischer Koriander

Öl in einer großen Pfanne oder einem Wok erhitzen, Zwiebeln goldgelb anbraten und Ingwer und Knoblauch hinzufügen. Das Gemüse in Scheiben schneiden und in die Pfanne geben. Mit Kurkuma, Curry und gemahlenem Koriander würzen. Den Tofu in 5 x 5 cm große Scheiben schneiden und unter das Pfannengemüse heben. Ca. 15 Min. garen lassen. In einem Schüttelbecher die Brühwürfel in etwas Wasser auflösen, die Ume-Paste, die grüne Curry-Paste und die Sahne hinzugeben. Alles gut vermischen und die Pfanne damit ablöschen. 5 Min. weitergaren lassen. Die Champignons in kleine Streifen schneiden und mit den Lauchzwiebeln in die Pfanne geben. Mit Shoyu abschmecken und frischem Koriander garnieren.

Dazu können Sie Basmatireis und Salat Ihrer Wahl servieren.

Genuss ohne Reue · SEITE 110

GEFÜLLTE PAPRIKA

Seitan-Bolognese
Rundkornreis oder Hirse oder Basmati-Reis
Rote, gelbe, grüne Paprika
Meersalz

Deckel der Paprika mit Stängel abtrennen, Paprika aushöhlen, waschen und entkernen. Den Reis in Salzwasser kochen. Dann die Menge halbieren: eine Hälfte unter die Bolognese mischen, die andere Hälfte warm stellen: Wie zu Großmutters Zeiten den Topf mit Deckel in ein Handtuch einwickeln und zum Warmhalten unter die Bettdecke! Mit der Reis-Bolognese-Mischung füllen Sie die Paprika und verschließen sie mit ihrem Deckel. Setzen Sie sie vorsichtig in den Dampftopf und garen Sie die Paprika ca. 20 Minuten lang.

Servieren Sie die gefüllten Schoten mit der anderen Hälfte Reis an Seitan-Bolognese.

VARIANTE 1

Ersetzen Sie die Paprikaschoten mit Zucchini-Schiffchen.
Verwenden Sie größere Zucchini, schneiden Sie der Länge nach das obere Drittel ab und höhlen Sie die untere Seite dazu aus, um sie später füllen zu können.

VARIANTE 2

Ersetzen Sie die Paprikaschoten mit Gemüsezwiebeln. Verwenden Sie große Zwiebeln, schneiden Sie einen Deckel ab und höhlen Sie die Zwiebel aus. Würfeln Sie das Innenleben und verarbeiten Sie es mit der Seitan-Bolognese. Alle weiteren Schritte siehe gefüllte Paprika.Die Zwiebeln könnten, statt im Dampftopf, auch in einer feuerfesten Form im Backofen oder auf dem Grill gegart werden.

MELONENKOMPOTT

1–2 EL Zitronensaft
1/2 l Rotwein oder trockener Portwein
1/2 TL Zimtpulver
2 EL Korinthen
2–3 Kardamomkapseln mit Schale gemahlen / gemörsert
1 Prise Ingwerwurzel frisch gerieben
1–2 Stk. Sternanis im Ganzen
1/8 l kaltes Wasser
1 Zucker- oder Honigmelone geschält und klein würfelig geschnitten
1 Prise Koriander gemahlen / gemörsert
1 Prise unraffiniertes Meersalz
1 Handvoll Melissenblätter
1/2 TL Kakaopulver

In einem Topf Zitronensaft, Wein, Zimtpulver, Korinthen, Kardamom, Ingwerwurzel, Sternanis und Wasser zum Kochen bringen. Die Melone dazugeben, den Topf vom Herd nehmen, Koriander und Meersalz hinzufügen und kurz zugedeckt ziehen lassen.

Mit Melissenblättern und Kakaopulver dekoriert servieren.

HIMBEERGELEE

5 EL Agar Agar
3/8 l Wasser
1/8 l Weißwein
4 Tassen Himbeeren
1/2 TL Bio-Zitronenschale frisch gerieben
1–2 TL Mascobadozucker
2–4 EL Himbeergeist
1 Prise unraffiniertes Meersalz
2 EL Pfefferminzblätter

In einem Topf Agar Agar mit Wasser aufkochen und so lange köcheln lassen, bis das Agar Agar sich aufgelöst hat. Den Wein, die Himbeeren, Zitronenschale, Zucker und Himbeergeist hineinrühren. In Schalen füllen, erkalten lassen und mit Pfefferminzblättern dekoriert servieren.

VARIATION: Mit Ribiseln / Johannisbeeren. Sie brauchen jedoch mehr Süße. Schmecken mit Zuckerrübenmelasse gut.

TIPP: Für Kinder kann der Weißwein durch Apfelsaft und der Himbeergeist durch 1 Prise Kakaopulver ersetzt werden.

SPROSSEN-PILZ-PFANNE MIT REISNUDELN

4 EL Olivenöl
2 Schalotten fein gehackt
1/2 TL Ingwerwurzel frisch gerieben
unraffiniertes Meersalz nach Geschmack
4 Tassen Sojabohnensprossen
1/2 TL Curcuma
10 Austernpilze oder frische Shitakepilze, feinblättrig geschnitten
1 Prise Mascobadozucker
1 Prise Pfeffer
1 Zweig Rosmarin etwas gehackt
1–2 Knoblauchzehen fein zerdrückt
unraffiniertes Meersalz nach Geschmack
heißes Wasser nach Bedarf
1/8 l Weißwein oder 1/16 l Zitronensaft
1/2 Bund Petersilie
einige Basilikumblätter grob gehackt
2–4 TL Sonnenblumenkerne geröstet
1 kleine frische Chilischote entkernt und fein gehackt

In einem Wok das Öl erwärmen, Zwiebel und Ingwer anbraten, Meersalz und Sprossen hinzufügen und kurz weiterbraten. Curcuma unterrühren und alles an den Rand schieben.

In der Mitte des Woks die Pilze anbraten, mit Zucker, Pfeffer, Rosmarin und Knoblauch würzen, etwas nachsalzen und mit heißem Wasser und Weißwein aufgießen. Kurz dünsten, mit Petersilie, Basilikum, Sonnenblumenkernen und der Chilischote verrühren. Über die gekochten Reisnudeln geben und gut vermischen.

TIPP: Sind keine frischen Pilze vorrätig, können auch getrocknete Shitakepilze verwendet werden. Diese müssen aber ca. 1–2 Stunden (je länger um so schneller werden sie beim Kochen weich) in warmem Wasser eingeweicht und die Stiele entfernt werden. Anschließend blättrig schneiden.

Genuss ohne Reue · SEITE 114

GEMÜSEPFANNE MIT SEITAN

1 Tasse Zwiebeln
1–2 Knoblauchzehen
Sonnenblumenöl
1 Tasse Ingwer
1 Tasse Karotten
1 Tasse Zucchini
1 Tasse Lauch
250 g Seitan geschnetzelt oder gewürfelt
Gewürze: Kardamom, Ume-Paste, Apfeldicksaft (zum Abschmecken), Kurkuma, Curry nach Wunsch

Zwiebeln schälen, in kleine Würfel schneiden und mit zerkleinertem Knoblauch in Sonnenblumenöl zusammen mit dem Ingwer anbraten. Das Gemüse nach 5 Minuten dazugeben und mit schmoren.

Seitan in einer Extra-Pfanne in Sonnenblumenöl herzhaft knusprig anbraten und danach in die erste Pfanne geben, mischen und mit den Gewürzen abschmecken.

Dazu gekochten Reis reichen.

PASTINAKEN GEBRATEN

300 g Pastinaken
Sesamöl
300 g Zwiebeln
Frische Kräuter

Pastinaken waschen, schälen, in Scheiben schneiden und in Sesamöl knusprig anbraten. Zwiebeln schälen, in Halbringe schneiden, dazugeben und mitbraten.
Mit frischen Kräutern garnieren.

Eine schmackhafte Beilage zu allem Kurzgebratenen.

BROKKOLI-PAPRIKA-PFANNE

2 Zwiebeln
2 Knoblauchzehen
4 EL Erdnussöl
1 EL Senfkörner
6 EL Kokoschips
2 Tassen Gemüsebrühe
einige Korianderkörner
1 kleine frische Ingwerwurzel
1/2 TL Kurkuma
etwas schwarzer Pfeffer
400 g Brokkoli
2 rote Paprikaschoten
1 gelbe Paprikaschote
1 EL Reissirup
etwas Mirin
Zitronensaft
Shoyu

Zwiebeln und Knoblauch schälen und in kleine Würfel schneiden. In dem heißen Öl goldgelb dünsten. Die Senfkörner und die Kokoschips zugeben und ebenfalls dünsten. Den zerdrückten Koriander und die feingeschnittene Ingwerwurzel, Kurkuma und Pfeffer zugeben und mit Gemüsebrühe aufgießen.

5–10 Minuten garen. Den Brokkoli waschen, putzen, die dicken Stiele schälen. Röschen etwas zerteilen, Stiele in Scheiben schneiden. Die Paprikaschoten waschen, putzen und in ca. 1 cm breite Scheiben schneiden.

Die Brokkoli-Stiele in die Kokosmasse geben und ca. 10 Minuten garen. Dann die Brokkoli-Röschen und Paprikastreifen zugeben, ebenfalls 10 Minuten garen. Mit Reissirup, Mirin, Shoyu und Zitronensaft abschmecken.

Reis passt am besten dazu.

BROKKOLI-MANDEL-PILAF

Rapskernöl
1/4 Tasse gehackte Zwiebeln
3 EL Mandelsplitter
3 Tassen Gemüsebrühe
1 Tasse Bulgur
1 großer Kopf Brokkoli, in Röschen geschnitten, den Stiel geschält und in Scheibchen geschnitten.
1/3 Tasse gehackte, trockene Aprikosen (Trockenfrucht)
Shoyu
Pfeffer

In einer großen Soßenpfanne das Öl bei mittlerer Hitze erhitzen. Die Mandeln und die Zwiebeln dazugeben und solange sautieren, bis die Mandeln geröstet sind. Die restlichen Zutaten zugeben und bei mittlerer Hitze zum Kochen bringen. Nun die Hitze auf niedrigste Stufe stellen, die Pfanne zudecken und ca. 20 Minuten köcheln lassen bis der Bulgur weich ist und die Flüssigkeit aufgesaugt wurde.

Mit Shoyu und Pfeffer abschmecken.

SEITAN-SCHNITZEL IN VARIATIONEN

Maiskeimöl
Seitan in fingerdicken Scheiben
Soja-Sahne
Ume-Su
Zimt
1 Hauch Ingwerpulver
Geschälter Sesam
Vollkornsemmelbrösel

Seitan muß in reichlich Maiskeimöl gebraten werden, nachdem zuvor die Panade drangegeben wurde.

Als Pfefferschnitzel: in die Panade kommt zusätzlich Pfeffer.

Es kann natürlich auch die klassische Panade aus Ei, Mehl, einem Schuss Ume-Su und Semmelbrösel verwendet werden.

GEBRATENE TOFUSCHEIBEN

ALS ZWISCHENMAHLZEIT ODER BEILAGE ZUM HAUPTGERICHT

Tofu ihrer Wahl (z.B. Provence)
Teriyaki oder
Ponzu-Sauce oder
selbst gemachte Marinade
(siehe Tofu à la Leberkäs)

Die Sauce in einen tiefen Teller geben, so dass der Boden leicht bedeckt ist. Den goldgelb ausgebratenen Tofu in diese Sauce hineinlegen und kurz wenden, auf einer Platte anrichten und warm servieren.

VARIANTE 1

Der so zubereitete Tofu läßt sich im Kühlschrank mehrere Tage aufheben. Sie können ihn auch kalt zur Brotzeit genießen.

VARIANTE 2

Selbstverständlich können Sie die bereits fertigen Tofu-Sorten auch immer pur genießen (nicht roh!) oder mit Senf oder biologischem Ketschup ergänzen. Sehr gut schmeckt auch die Mayonnaise (evtl. mit Knoblauch ergänzt) als Dip dazu.

SEITAN-SANDWICH

Seitan
Dinkel- oder
Vollkornsemmel
Blattsalat
Tomaten
Gurkenscheiben
evtl. Estragonsenf

Dünne Seitan-Scheiben in Sesamöl goldbraun braten. Semmel halbieren, mit Blattsalat, Gurken- und Tomatenscheiben belegen.
Den Seitan warm darauf anrichten, mit Estragonsenf garnieren.

TOFU-TALER

300 g Tofu-Natur
300 g Hirsebrei
1 Tasse geraspelte Zucchini
1 Tasse geraspelte Karotten
1 Tasse feingehackte Zwiebeln
1 EL Ume-Paste
Kurkuma
Vollkornsemmelbrösel
Sesamöl
feine Haferflocken

Sesamöl in einer Pfanne erhitzen, die Zwiebeln goldgelb anbraten, die Karotten und Zucchini ergänzen und einige Minuten garen. Erkalten lassen. Tofu in einer Schüssel zerbröseln, die Ume-Paste unterrühren und mit Kurkuma würzen. Hirsebrei und Gemüse darunter mengen und die gesamte Masse gut durchkneten. Handtellergroße Taler formen, für die Festigkeit Haferflocken dazu geben. Zum Panieren Vollkornsemmelbrösel und geschälten Sesam mischen und die Taler vorsichtig darin wenden. In heißem Öl beidseitig auf mittlerer Hitze bräunen.

VARIANTE 1

Der Hirsebrei lässt sich auch gut durch Kürbisbrei ersetzen. (siehe Kürbis-Creme-Suppe: Bitte reduzieren Sie die Flüssigkeitsmenge so, dass ein fester Brei entsteht).
Achtung: Taler nicht zu groß formen, da sie leicht zerfallen könnten.

APFEL-KREN / MEERRETTICH-SOSSE

1 süßer Apfel fein gerieben
1 Prise Mascobadozucker oder
1 TL Zuckerrübenmelasse
5 EL Kren / Meerrettich
frisch gerieben
Tamari nach Geschmack
1 EL Zitronensaft
1/2 TL Bio-Zitronenschale
frisch gemahlen

Kurz vor dem Essen in einer Schüssel Apfel, Zucker oder Melasse, Kren / Meerrettich, Tamari, Zitronensaft und Zitronenschale verrühren und zu den Lopino-Talern servieren.

LOPINOTALER MIT APFEL-KREN / MEERRETTICH-SOSSE

1 Zucchini geraspelt
1 Karotte geraspelt
1 mittlere Süßkartoffel geraspelt
1 Bund Frühlingszwiebeln fein gehackt
1-2 Knoblauchzehen fein zerdrückt
1/2 TL Ingwerwurzel frisch gerieben
unraffiniertes Meersalz nach Geschmack
1 Bund Petersilie fein gehackt
1 frische Chilischote entkernt und fein gehackt
1-2 EL Bockshornkleesamen frisch gemahlen
1 Packung Lopino mit der Gabel zerdrückt
Kichererbsenmehl oder Sojamehl nach Bedarf
1/2 TL Kreuzkümmel frisch gemahlen / gemörsert
1/2 TL Koriander frisch gemahlen / gemörsert
1/2 TL getrockneten Majoran zwischen den Handflächen gerieben
1 TL schwarze Senfsamen frisch gemahlen / gemörsert
Unraffiniertes Meersalz nach Geschmack
2 EL geröstetes Sesamöl

In einer Schüssel Zucchini, Karotte, Süßkartoffel, Frühlingszwiebel, Knoblauch, Ingwer, Meersalz, Petersilie, Chilischote, Bockshornkleesamen, Lopino und das Mehl zum Binden unterrühren, bis eine konsistente Masse entstanden ist. Mit Kreuzkümmel, Koriander, Majoran, Senfsamen und Meersalz würzen und nochmals die Masse gut vermischen. Kurz rasten lassen und kleine Laibchen formen. Mit dem Öl bestreichen, auf ein Backblech geben (ausgelegt mit Backpapier oder mit Fett bestrichen) und ca. 20-30 Minuten im Backrohr bei 180 Grad backen.

Es ist auch möglich, die Lopinotaler in einer Pfanne mit etwas Öl herauszubraten.

Mit Apfel-Kren / Meerrettich-Soße servieren.

BLAUKRAUT

1 kl. Rotkohlkopf
4 kleine Zwiebeln
Rapskernöl
2 Nelken
2 Lorbeerblätter
8 Wacholderbeeren
2 säuerliche Äpfel
1–2 EL Ume-Paste
1–2 EL Apfeldicksaft

Das Rapskernöl in einer Pfanne erhitzen, die in Würfel geschnittenen Zwiebeln dazu geben und goldgelb anbraten, den Kohlkopf klein hobeln und mit in die Pfanne geben, dazu die Nelken, Lorbeerblätter, Wacholderbeeren und kleinen Apfelstückchen geben, mit ca. 2 Tassen Wasser aufgießen. Bei mittlerer Hitze ca. 20 Minuten weich kochen. Das überflüssige Wasser abgießen und die Ume-Paste dazugeben. Die Lorbeerblätter, wenn möglich, entfernen und alles mit Apfeldicksaft abschmecken.

Ideal zu Hirsebrei und kurzgebratenem Tempeh.

VARIANTE 1

Verwenden Sie statt Rotkohl Sauerkraut. Verzichten Sie bitte bei dieser Variante auf die Zugabe von Nelken.

DIE SCHNELLE PFANNE!

SEITAN MIT MANGOLD ODER KOHL ODER WIRSING ODER GRÜNKOHL

250 g Seitan
250 g Zwiebeln
Öl
Shoyu
Kurkuma
Ume-Su
250 g Gemüse

Seitan in dünne Streifen schneiden und mit den Zwiebeln und dem Gemüse in viel Öl anbraten, mit Shoyu würzen und Kurkuma bestäuben. Mit Ume-Su ablöschen. Kann warm und kalt gegessen werden.

SEITAN-GULASCH

1 Tasse Zwiebeln geviertelt
1 Tasse Karotten in Streifen
1 Tasse Zucchini in Streifen
je 1 grüne, rote, gelbe Paprikaschoten in Streifen
5 Knoblauchzehen fein gehackt
200 g Ingwer fein würfeln
Rapskernöl
250 g Seitan in Würfeln
Ume-Paste
2 Gemüsebrühwürfel
Tamarindenmus
1 EL Kurkuma, Kardamom
biol. Lammgewürz
2 Lorbeerblätter
7 Wacholderbeeren
Apfeldicksaft
Soja-Sahne und Soja-Joghurt
1/2 TL Currypaste für besondere Schärfe

Rapskernöl erhitzen und Zwiebelviertel, Karotten, Zucchini, Paprika, Wacholder, Kardamom, Lorbeer, Ingwer und Knoblauch anschmoren. Die Seitanwürfel, das Lammgewürz und Kurkuma dazugeben und weiterschmoren, die in ca. 1/2 Liter heißem Wasser aufgelösten Brühwürfel mit der Currypaste zugeben. Mit Tamarindenmus und Ume-Paste ergänzen. Bei niedriger Hitze ca. 20 Min. ziehen lassen. Mit Sahne, Joghurt und Apfeldicksaft abschmecken.

GEBRATENE PASTINAKEN „BRATKARTOFFEL“

2-3 Pastinakenwurzeln
1 große Zwiebel
3-4 frische Salbeiblätter (oder Ingwer)
Sesamöl

Pastinaken schälen und in Längs- oder Querscheiben schneiden (ca. 1/2 cm dick). Zwiebel in kleine Würfel schneiden. In einer heißen Pfanne Sesamöl erhitzen. Pastinaken und Zwiebel reingeben und bei mittlerer Hitze schön langsam goldgelb werden lassen.
Frische Salbeiblätter ganz fein aufschneiden, in die Pfanne geben und auf ausgeschalteter Herdplatte alles einige Minuten durchziehen lassen.

Als Variante können die Salbeiblätter durch frisch geriebenen Ingwer ersetzt werden.

Auch Rettiche können gebraten werden (süß): Rettich mit Zwiebel anbraten und mit Shoyu würzen. Auf ausgeschalteter Herdplatte einige Minuten durchziehen lassen.

SCRAMBLED TOFU („RÜHREI“)

500 g Tofu natur oder Tofu Provence
8 Esslöffel Sesamöl
2 mittelgroße Zwiebel fein gehackt
1 Bd. Frühlingszwiebel fein geschnitten
1 EL Ume Paste
1 EL Kurkuma
1 gestr. EL Curry
1/2 EL Koriander
1/2-1 EL Zazikigewürz
Shoyu zum Abschmecken
Evtl. ein paar EL Reismilch

Tofu zerbröseln und mit Ume-Paste vermengen. Öl in die heiße Pfanne geben, Zwiebel zugeben und hellgelb anbraten. Tofu mit Ume-Paste zugeben. Kurkuma, Curry, Koriander und Zazikigewürz zugeben. Bei mittlerer Hitze unter ständigem Rühren 5-8 Minuten dünsten. Lauchzwiebel zugeben und noch ein paar Minuten mitdünsten.

Mit Shoyu abschmecken.

Evtl. ein paar Löffel Reismilch zugeben. Mit Schnittlauch garnieren.

SCHNELLE TOFUPFANNE

4 Zwiebeln in dicke Halbringe schneiden
30 g Ingwer ganz fein hacken
2 Zucchini und 4 Karotten in rustikale Scheiben schneiden
1 Lauch in grobe Stücke schneiden.
1 TL Kurkuma
1 TL Curry
1/2 gestrichener TL Koreander
1/2 gestrichener TL Kardamom
1 El Ume Paste
2-3 El Shoyu
ca. 1/2 Päckchen (oder weniger) Sojasahne
300 g Tofu Natur in große mundgerechte Würfel geschnitten
Curry – Paste für ein scharfes Gericht.

Zwiebel und Ingwer ganz kurz anbraten.Karotten zugeben und 5 Min. unter Rühren mitdünsten. Zucchini und Lauch zugeben und mit allen Würzzutaten vermengen. 5 Min. unter Rühren dünsten. Jetzt die Tofuwürfel zugeben und so lange unter Rühren dünsten, bis das Gemüse gar ist.
Das Gemüse sollte noch „Biss" haben.

Zum Schluss Sojasahne zugeben. Wer es scharf mag nimmt etwas Curry-Paste zum Nachwürzen.

Beilage: Reis und evt. Sauerkraut-Karotten-Salat

SEITAN-SPIESSE

Zwiebeln in Viertel
Paprika in Rechtecke geschnitten
Seitan in große Würfel
Egerlinge oder Champignons
Sesamöl
Shoyu
Ume-Paste

Spieße roh zusammenstecken und im Wasserdampf mind. 15 bis 20 Minuten garen; dann abtropfen lassen, mit Curry oder Paprika und Kurkuma bestreuen und in heißem Öl braten. Aus dem Bratenfonds lässt sich eine tolle würzige Soße machen, indem Sie das Öl mit Shoyu und heißem Wasser ablöschen und zum Fonds guten Bio-Curry-Ketchup geben.

VARIANTE 1

Die Spieße können auch ohne zu dämpfen in der Pfanne angebraten werden. Schließen Sie hierfür den Deckel, sodass die Spieße gut garen können.

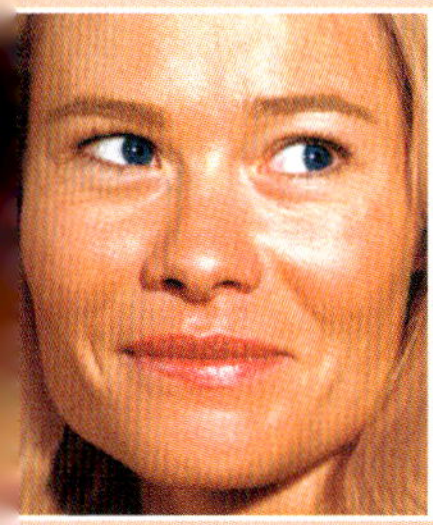

EISENKRAUT-MELISSEN-LAVENDEL-TEE

1 TL Eisenkraut-Melissen-Lavendelmischung
mit 1/2 l heißem, nicht kochendem
Wasser übergießen.

Zugedeckt 10 Minuten ziehen lassen.

FRISCHER SALBEITEE MIT ZITRONENSCHEIBEN

1 oder 2 kleine Zweige frischen Salbei
und 1 Scheibe Zitrone
mit 1/2 l heißem, nicht kochendem
Wasser übergießen und
zugedeckt 10 Minuten ziehen lassen.

TIPP: Beide Tees sind auch etwas abgekühlt sehr schmackhaft und erfrischend.

REISNUDELN

1 Packung Reisnudeln dünn oder breit
unraffiniertes Meersalz nach Geschmack
1 Schuss unpasteurisierter Essig
2 l kochendes Wasser

Nudeln in einen Topf oder in eine Schüssel geben. Salzen, Essig hinzufügen und das kochende Wasser über die Nudeln gießen. Zugedeckt ca. 5 Min. ziehen lassen. Wenn die Nudeln die gewünschte Konsistenz haben gut abtropfen.

TIPP: Kochen Sie gleich eine größere Menge und marinieren Sie den Rest mit einer Mischung aus Basilikum-Essig, frischem gehacktem Basilikum und Olivenöl.

Eignet sich gut als kalte Zwischenmahlzeit.

BROKKOLI-PAPRIKAPFANNE MIT KOKOS

2 Zwiebel gewürfelt
2 Knoblauchzehen fein gehackt
4 Essl. Öl (z.B. Erdnussöl)
1 Essl. Senfkörner
5 Essl. Kokosraspel oder Kokos-Chips
1 gestr. Teel. Koriander
1/2 Teel. Kurkuma
etwas schwarzer Pfeffer
1 kleine Ingwerwurzel ganz fein gehackt
1/2 l Kräuterbrühe aus Brühwürfeln
400 g Brokkoli
2 rote Paprikaschoten
1 gelbe Paprikaschote
1 Esslöffel Reismalz
ein Schuß Weißwein oder Mirin
Shoju zum Abschmecken

Öl in heiße Pfanne geben. Zwiebel und Knoblauch goldgelb dünsten. Senfkörner und Kokos zugeben und ein paar Minuten unter Rühren dünsten.

Koriander, Ingwerwurzel, Kurkuma und Pfeffer zugeben, umrühren und mit der Kräuterbrühe aufgießen. 5-10 Minuten zugedeckt leicht köcheln lassen.

Brokkoli in Röschen teilen. Stiele schälen und in kleine Stücke schneiden. Paprikaschoten in ca. 1-2 cm breite Stücke schneiden.

Brokkoli-Stiele in die Pfanne geben und ca. 5 Minuten garen. Dann die Brokkoli-Röschen und die Paprikastreifen zugeben und 5-10 Minuten garen.

Abschmecken mit Reismalz, Weißwein oder Mirin und Shoyu.

Dazu passt Basmati-Vollkornreis.

TOFU-FRIKADELLEN

150 g Tofu
450 g Hirsebrei
(siehe Rezept Hirse 2. Variante)
1 EL Ume-Paste
Semmelbrösel
Sesamöl

Tofu in einer Schüssel zerpflücken, mit dem Hirsebrei und der Ume-Paste vermengen. Kleine Frikadellen formen, in Semmelbrösel wenden und in heißem Öl beidseitig auf mittlerer Hitze bräunen.

EINGELEGTER TOFU À LA LEBERKÄS

400 g Tofu Natur
Marinade:
Gefäß zum Tofu einlegen
1/2 Tasse Tamari
1/2 Tasse Sesamöl
1 EL Kurkuma
1 EL Curry
1 TL gemahlenen Koriander
2 kl. Knollen frisch geriebenen Ingwer
1 gehäuften EL scharfen Senf
1/2 Tasse Wasser
1/2 Tasse Mirin
1 EL Genmai-Su
1/2 Tasse Ume-Su

Tofu in Scheiben schneiden.
Alle Zutaten für die Marinade in eine verschließbare Schüssel (am besten eckiges Gefäß, dass der Tofu in Scheiben hineingestellt werden kann) geben und den Tofu-Natur in dieser Marinade mind. 2-3 Stunden oder besser über Nacht darin ziehen lassen.
Danach mit Küchenkrepp abtrocknen und in einer Pfanne mit heißem Öl bei mittlerer Hitze kurz goldgelb bräunen.

Dieser Tofu hat eine sehr dunkle Farbe und schmeckt besonders würzig. Genießen Sie ihn – wie Leberkäs – mit süßem oder mittelscharfem Senf.

Hinweis:
Die Marinade ist - im Kühlschrank gekühlt – bis zu 2 Wochen verwendbar. Sie eignet sich auch hervorragend als Marinade für kurzgebratenen, fertig gewürzten Tofu (z.B. Kräuter der Provence) oder Seitan, um sie nach dem Anbraten kurz darin zu wenden.

VARIANTE

TOFU-BURGER

Auf Semmel, Ciabata oder Baguette etwas Butter streichen, mit eingelegten Gurkenstreifen, Tomate und Salatblatt garnieren, Tofu hineinlegen und mit süßem oder mittelscharfem Senf würzen.

FRÜHSTÜCK	Congee süß oder pikant
	Früchtevariante „süß & schnell"
	Variante „pikant & extrem schnell"
	Kuzusuppe
ZWISCHENMAHLZEIT	Congee-Variationen
	Kichererbsen-Snack
	Humus / Kichererbsenpaste
MITTAGESSEN	
SUPPE	Tofu-Misosuppe
VORSPEISE	Stangensellerie mit Glasnudeln
HAUPTSPEISE	Gebratene Eierschwammerl / Pfifferlinge
	Kichererbsen im September
NACHSPEISE	Kürbisdessert
ABENDESSEN	Fisolengemüse süß-sauer
	Polenta
	Polentakuchen mit Zwiebel und Champignons
GETRÄNKE	Majorantee
	Kümmeltee

CONGEE

EINFACH UND BEKÖMMLICH

1 Tasse Vollkornreis
mind. 6 Tassen kaltes Wasser
1 Scheibe frische Ingwerwurzel
1 Stück Wakame-Alge

In einen hohen Topf Vollkornreis, Wasser, Ingwer und die Wakame-Alge etwa 2-6 Stunden kochen (zuerst auf hoher Stufe ohne Deckel aufkochen, dann zugedeckt auf kleinster Flamme köcheln lassen). Je länger die Kochzeit, desto leichter verdaulich. Congee lässt sich auch über Nacht kochen, allerdings nur auf Elektroplatten, zugedeckt und mit ausreichend Wasser. Das Congee kann für mehrere Tage vorbereitet werden.

Ein Congee kann vielfältig kombiniert werden:

Süß: Mit Kompott, Obstmus, Marmelade, gerösteten Nüssen, gerösteten Sonnenblumenkernen, Mandelmus etc., gewürzt mit Vanille, Zimt, Koriander, Kardamom.

Pikant: mit Gemüse der Saison, Hülsenfrüchten, Pilzen, Tofu, milchsauer Vergorenem und frischen Kräutern und Gewürzen.

TIPP: Das Congee noch heiß in Schraubgläser füllen. Gekühlt hält diese Getreidebasis mindestens 10 Tage lang. Congees sind ideal als Basis für ein schnelles Frühstück, für Suppen, als Beilage für Gemüse, Tofu etc.

CONGEE

FRÜCHTEVARIANTE „SÜSS & SCHNELL"

2-4 Tassen kaltes Wasser
1-2 TL Zitronensaft
1 Prise Kakaopulver
2-3 Tassen Früchte z. B. Himbeeren, Brombeeren, kleingewürfelte Pfirsiche
1-2 TL Reismalz
2-3 Kardamomkapseln
1 Prise unraffiniertes Meersalz
1 Spritzer Zitronensaft
1 Prise Bio-Zitronenschale
1-2 EL zerkleinerte Mandeln

Wasser, Zitronensaft, Kakaopulver kurz erhitzen, die Früchte, das Reismalz, Kardamom und die Prise Meersalz kurz darin ziehen lassen. Mit Zitronensaft, Zitronenschale und den Mandeln vermengen und zum Congee servieren.

TIPP: Mehr davon auf Vorrat kochen und mit oder ohne Congee als Nachmittagssnack vorbereiten.

CONGEE

„PIKANT & EXTREM SCHNELL"

1 EL ÖL
1–2 Frühlingszwiebeln klein geschnitten
1 TL schwarze Senfsamen
Unraffiniertes Meersalz nach Geschmack
1 Spritzer Zitronensaft
1 Zweig Rosmarin frisch gemörsert
2–4 Tassen Gemüse der Saison in Scheiben geschnitten, z. B. Zucchini, Stangensellerie etc.
2–3 TL geröstete Sonnenblumenkerne
1/2 TL Szechuanpfeffer
1 TL Shiro-Miso

Das Öl erhitzen, Frühlingszwiebel und Senfsamen darin anbraten, salzen, Zitronensaft, Rosmarin, Sonnenblumenkerne und das Gemüse dazugeben und bissfest garen. Mit Szechuanpfeffer und dem Shiro-Miso abschmecken. (Achtung! Miso nicht aufkochen lassen, verliert sonst seine Inhaltsstoffe.)

TIPP: Mehre Portionen vorbereiten als Nachmittagssnack

- Gekochtes Gemüse mit oder ohne Congee
- Gek. Gemüse marinieren mit etwas Öl und Hatomugisu oder unpasteurisiertem Essig
- Gekochtes Gemüse als Einlage für Misosuppe

CONGEE-VARIATIONEN

Congee kann vielfältig kombiniert werden:

Süß: Mit Birnenmus und Sonnenblumenkernen.
Oder mit Mandelmus und Vanillepulver, Zimtpulver.

Pikant: Mit gekochtem Gemüsesalat und gerösteten Walnüssen.
Oder mit gebratenem Tofu und schwarzem Sesam.

KUZU-PUDDING

1 Liter Reismilch
1/2 Tasse Apfeldicksaft
1/2-1 Tasse Reissirup
1-2 EL Tahin
1 TL Zimt
1/2 TL gemahlenen Kardamom
1/4 TL gemahlene Vanille
1 Tasse Kuzu oder Pfeilwurzelmehl

Reismilch erhitzen und die Gewürze ergänzen. Mit Reissirup und Tahin süßen.
In etwas Wasser Kuzu auflösen und in die kochende Milch einrühren, bis sie breiähnlich ist, (wie Wackelpudding).
Mit Apfeldicksaft abrunden.
Dann in kleine Gefäße oder eine große Schale füllen und kalt stellen.

ZITRONEN-MOUSSE

450 ml Wasser
1 Messerspitze Meersalz
3 TL Kuzu
Apfeldicksaft
1 TL geriebene Zitronenschale
ein paar Tropfen Vanille Essenz (optional)
2 TL Tahin

Das Wasser zum Kochen bringen und alle Zutaten dazugeben, mit Kuzu andicken und kurz aufkochen.
Die Masse in einen Keramik- oder Glasbehälter gießen und 1-2 Std. abkühlen und fest werden lassen.
Mit einem Handmixer oder auch von Hand die Masse zu einer cremigen Konsistenz schlagen. Ein bisschen Wasser oder Apfelsaftdicksaft zugeben, wenn die Konsistenz zu dick ist.

nichts ist zu verdammen.
es gilt nur, den dingen
den richtigen platz zuzuordnen

HUMUS (KICHERERBSENPASTE)

4 Tassen gekochte Kichererbsen
(Zubereitung: siehe Hülsenfrüchte
– richtig gekocht – Kapitel Wasser)
2 EL Zitronensaft
1 Prise Paprikapulver
4 EL Olivenöl
2 EL Sesammus (Tahin)
1-2 Knoblauchzehen zerdrückt
1 Prise Pfeffer
unraffiniertes Meersalz nach Geschmack
1 Bund Petersilie gehackt

Die gekochten Kichererbsen mit Zitronensaft, Paprikapulver, Olivenöl, Sesammus (Tahin), Knoblauch und Pfeffer pürieren. Mit Meersalz und Zitrone abschmecken und mit Petersilie vermengt servieren.

TIPP: Ein wohlschmeckender und stärkender Snack

- **als Aufstrich auf einer Scheibe getoastetem Roggenbrot**
- **vermengt mit kleingehackten Oliven**

KICHERERBSENSNACK – DIE ALTERNATIVE ZU KARTOFFELCHIPS

4 EL schwarzer Sesam
1 EL unraffiniertes Meersalz
2 Tassen gekochte Kichererbsen
(Zubereitung: siehe Hülsenfrüchte – richtig gekocht – Kapitel Wasser)

Sesam und Meersalz zusammen (= schwarzes Gomasio) in einer heißen Pfanne rösten und anschließend mörsern oder mahlen.

Mit 4 Tassen gekochten Kichererbsen vermischen. Schmeckt warm und kalt gut.

KUZUSUPPE

für 1 Person

1 TL Kuzu
1–3 frische Shitakepilze fein geschnitten
1 Messerspitze frische Ingwerwurzel fein gerieben
1 Tasse kaltes Wasser
Tamari (Sojasoße ohne Weizen) nach Geschmack
1/2 TL Umeboshipaste
1 EL Petersilie grob gehackt

Kuzu mit etwas kaltem Wasser anrühren und mit den Shitakepilzen, dem Ingwer und Wasser unter Rühren zum Kochen bringen. Sobald die Mischung dick und glasig wird vom Herd nehmen, mit Tamari und Umeboshipaste abschmecken und mit Petersilie garnieren. Sind keine frischen Shitakepilze vorrätig, können auch getrocknete Shitakepilze verwendet werden. Diese müssen allerdings über Nacht in Wasser eingeweicht werden. Die Stiele vor dem Kochvorgang entfernen.

Eine Kur für Magen und Schleimhäute. Stärkt das Immunsystem.

TIPP: Ein guter Einstieg für die Umstellung zu einem pikanten warmen Frühstück.

nahrungsmittel sind
nicht sauer oder basisch,
können nur basenbildend
oder säurebildend sein.

Genuss ohne Reue · SEITE 142

GEMÜSE VON KÜRBIS-KAROTTEN-SAUERKRAUT

1 kleiner Hokkaidokürbis
(optisch schön: 1/2 grüner und 1/2 oranger Kürbis) gewürfelt
3 große Karotten gewürfelt
4 TL Rapskernöl
2 EL Shoyu
300 g Sauerkraut kurz geschnitten
1/2 l Wasser oder Brühe vom Kräuterwürfel
ca. 3 EL Apfeldicksaft

Das Öl in einem Topf erhitzen. Karotten- und Kürbiswürfel darin kurz anbraten, dann das Sauerkraut dazugeben, weiterhin anschmoren und Ume-Paste dazugeben, verrühren, mit Wasser oder Brühe ablöschen und bei geschlossenem Topfdeckel weich garen.

Mit Apfeldicksaft süß-sauer abschmecken.

TOFU-MISOSUPPE

2 EL geröstetes Sesamöl
3 Frühlingszwiebeln
in dünne Streifen geschnitten
2-4 Karotten
in dünne Streifen geschnitten
3-4 Stangen Sellerie dünn geschnitten
1 Würfel Tofu in Streifen geschnitten
1/2 TL frische Ingwerwurzel
fein gerieben
2-4 Wacholderbeeren zerstoßen
1 l kochendes Wasser
4 EL helles Reis-Miso
1/2 Bund frische Petersilie
1-2 EL schwarzer Sesam gemahlen

In einer Pfanne das Öl erwärmen und der Reihe nach Frühlingszwiebel, Karotten, Stangensellerie, Tofu, Ingwer und die Wacholderbeeren hinzufügen und bissfest braten. Mit kochendem Wasser übergießen, vom Herd nehmen und das Miso mit einer Gabel einrühren. Mit Petersilie und schwarzem Sesam servieren.

TIPP: Bei großem Hunger kann man gekochten Reis, Congee oder Glasnudeln hinzufügen.

STANGENSELLERIE MIT GLASNUDELN

1 EL SesamöL
2-3 Frühlingszwiebel in Ringe geschn.
4-6 Stangen Sellerie geschnitten,
Blätter grob gehackt
1 Prise weißer Pfeffer frisch gemahlen
1/2 TL Hiziki-Algen gewaschen, ca. 10 Min. in heißem Wasser eingeweicht, mit dem Einweichwasser verwenden
1 Spritzer Zitronensaft
1-2 TL roter Pfeffer (Rosenpfeffer) mit der flachen Seite des Messers zerdrückt
2 Strang Glasnudeln mit der doppelten Menge heißem Wasser übergossen (5 Min. ziehen lassen, Wasser abgießen)
1 Messersp. Muskatnuss frisch gerieben
1-4 TL Tamari

Öl erhitzen, Frühlingszwiebel anbraten, mit Stangensellerie weiterbraten, mit Pfeffer würzen und Hiziki-Algen samt Einweichwasser hinzufügen. Mit Zitronensaft und roten Pfeffer abschmecken, die Stangensellerieblätter und die Glasnudeln unterheben und mit Muskatnuss und Tamari abschmecken.

TIPP: Schmeckt auch kalt als Salat gut. Mit Umeboshi-Essig abschmekken und mit gerösteten Walnüssen garnieren.

GEBRATENE EIERSCHWAMMERL / PFIFFERLINGE

2 EL Rapsöl
1 große Zwiebel fein gehackt
800 g Eierschwammerl / Pfifferlinge geputzt, die großen Pilze zerkleinern
1–2 TL Kreuzkümmel frisch gemahlen
1/2 TL Pfeffer frisch gemahlen
1–2 EL warmes Wasser
unraffiniertes Meersalz nach Geschmack
1 TL Zitronensaft
2–3 Zweige Thymian frisch zerrieben
4–8 EL Maisgries
(je nachdem wie dick die Soße sein soll)
1 Messerspitze Muskatnuss frisch gerieben
2–4 EL unpasteurisierter Essig
1 Bund Petersilie fein gehackt

Im erwärmten Öl die Zwiebel glasig dünsten, die Eierschwammerl dazugeben, kurz anbraten und mit Kreuzkümmel, Pfeffer, warmes Wasser, Zitronensaft, Thymian und dem Maisgries auf kleiner Flamme weich köcheln. Mit Muskatnuss und Salz würzen. Vom Herd nehmen und mit Essig und Petersilie durchmischen. Variante: Warm auf knackigen Blattsalaten anrichten.

TIPP: Herrenpilze, Eierschwammerl / Pfifferlinge oder andere heimische Speisepilze eignen sich gut als Spätsommergericht. ABER: Sie sind sehr schwer verdaulich, daher nur in kleinen Mengen und vorzugsweise mittags essen. Gut kauen!

der mensch ist übersäuert, weil die basen fehlen

zeit ist liebe zum leben
und zu sich selbst

KICHERERBSEN IM SEPTEMBER

3 EL Olivenöl
2 rote Zwiebeln in feine Ringe geschnitten
1 kleiner Zweig Rosmarin zerrieben
1 Mangold blättrig schneiden
1-3 Knoblauchzehen klein gehackt
1 kleine rote Chilischote entkernt und klein gehackt
1/2 TL schwarzer Pfeffer frisch gemahlen
unraffiniertes Meersalz nach Geschmack
1-2 EL Zitronensaft
1 Bund Petersilie grob gehackt
1-2 Tassen entkernte grob gehackte Oliven
2-4 EL Olivenöl oder 2-4 EL Sesampaste
1 TL Basilikum frisch gemahlen / gemörsert
1 TL Oregano frisch gemahlen / gemörsert
Muskatnuss nach Geschmack frisch gerieben
4-6 Tasse gekochte Kichererbsen
(Zubereitung: siehe Hülsenfrüchte – richtig gekocht – Kapitel Wasser)

Das Öl in einer Pfanne erwärmen, Zwiebel, Rosmarin, Mangold, Knoblauch und Chili darin anbraten, pfeffern, salzen, mit Zitronensaft löschen, Petersilie, die Olivenstücke und Olivenöl oder Sesampaste dazugeben. Mit Basilikum, Oregano und Muskatnuss würzen. Danach mit den gekochten Kichererbsen vermischen.

KÜRBISDESSERT

2–3 Tassen Apfelsaft
1 TL Kakaopulver
4 Tassen geschälter und in kleine Würfel geschnittener Kürbis (Hokkaido oder Riesenkürbis)
1 Tasse getrocknete Marillen und / oder Feigen bzw. Rosinen
1 TL Zimt
1 TL Nelken
1 TL frische Ingwerwurzel fein gerieben
1 Prise unraffiniertes Meersalz
1 EL Zitronensaft
1 EL geriebene Bio-Zitronenschale
1–2 EL Cognac
1 TL Honig
1 TL Mandelmus
1 Prise Muskatnuss frisch gerieben
1–2 EL gestiftelte geröstete Mandeln

Zum Apfelsaft mit Kakaopulver den Kürbis und die Trockenfrüchte dazugeben und mit den Gewürzen und Meersalz weich kochen. Mit Zitronensaft, Zitronenschale und Cognac, dem Honig, Mandelmus und Muskatnuss vermischen und pürieren. In Schalen füllen und mit den Mandeln garniert servieren.

MAJORANTEE

1 TL getrockneten Majoran mit 1/2 l heißem,
nicht kochendem Wasser übergießen und zugedeckt ca. 10 Minuten ziehen lassen.

TIPP: Fördert die Verdauung und hilft bei rinnender Nase
Nicht in der Schwangerschaft trinken!

KÜMMELTEE

1 TL getrockneten Kümmel mit 1/2 l heißem,
nicht kochendem Wasser übergießen und zugedeckt ca. 10 Minuten ziehen lassen.

Vor allem Kreuzkümmel (Cumin) wirkt entkrampfend.

TIPP: Die Samen aller Kümmelsorten zu kauen hilft gegen Mundgeruch.
Schwarzkümmel ist der wirkungsvollste.

POLENTA

5 Tassen kaltes Wasser
1/2 TL Zitronensaft
1 Prise Paprikapulver
2 Tassen Maisgries
1-2 EL Olivenöl
1 Prise Muskatnuss fein gerieben
1 Prise Pfeffer
1 Prise unraffiniertes Meersalz

Das Wasser, den Zitronensaft und das Paprikapulver erhitzen, den Maisgries unter ständigem Rühren einrieseln lassen, Öl hinzufügen. Anschließend mit Muskatnuss, Pfeffer und Meersalz würzen. Noch einmal kurz mit einer Gabel umrühren und im Topf mit gut schließendem Deckel ca. 20 Min. quellen lassen.

TIPP: Mehr kochen und den Rest noch möglichst warm in eine Kastenform füllen und im kalten Zustand herausstürzen.
Bei Bedarf ca. 1-2 cm dicke Scheiben abschneiden, mit etwas Öl bestreichen und in einer Pfanne oder im Backrohr auf dem Backblech herausbacken.

POLENTAKUCHEN MIT ZWIEBELN UND CHAMPIGNONS

Grundrezept: siehe Polenta
500 g Champignons geputzt und geviertelt (die kleineren ganz lassen)
4-6 große rote Zwiebeln fein geschnitten
6-8 EL Olivenöl
1 EL Basilikum frisch gemahlen / gemörsert
1 EL Rosmarin frisch gemahlen / gemörsert
1 EL Thymian frisch gemahlen/ gemörsert
unraffiniertes Meersalz nach Geschmack

Wenn die Polenta ausgequollen ist noch warm auf ein mit Backpapier ausgelegtes Backblech streichen und dicht mit Champignons und Zwiebel belegen. Mit Olivenöl beträufeln und mit der Mischung aus Basilikum, Rosmarin, Thymian und Meersalz würzen. Ca. 20-30 Min. mit Oberhitze bei 200 Grad im Rohr backen.

TIPP: Die Gewürze und das Meersalz zusammen im Mörser zerstoßen. Vereinfacht die Handhabung und geht schneller.

FISOLENENGEMÜSE MIT TOFU SÜSS-SAUER

1 1/2 l kaltes Wasser
1 Spritzer unpasteurisierten Essig
1 TL Bohnenkraut
500 g Fisolen (grüne Bohnen) in mundgerechte Stücke geschnitten
1 Scheibe frische Ingwerwurzel fein gerieben
2 EL Öl
4 mittlere Schalotten in Ringe geschnitten
1/2 TL Hiziki-Algen zerrieben
1 TL Zitronensaft
1/2 TL Curcuma
1 Block Räuchertofu in kleine Würfel geschnitten
1 kleine Chilischote getrocknet, entkernt und zerstoßen oder 1 frische Chilischote entkernt und gehackt
1-3 Knoblauchzehen fein gehackt
1/2 Bund frisches Koriandergrün grob gehackt
unraffiniertes Meersalz nach Geschmack
1/2 Bund Petersilie grob gehackt
1-2 EL Reisessig oder Umeboshi-Essig
1 Prise Rosenpaprika
1/2 TL brauner Zucker

Das Wasser mit dem Essig zum Kochen bringen. Bohnenkraut, Fisolen und Ingwer darin weich kochen, gut abtropfen lassen.
In der Zwischenzeit in einer Pfanne das Olivenöl erwärmen, die Schalotten, Algen, Zitronensaft, Curcuma und die Tofuwürfel darin anbraten, die Chilischote und den Knoblauch sowie das Koriandergrün dazugeben. Salzen, die Petersilie einrühren und mit Essig ablöschen, mit Rosenpaprika und braunem Zucker abschmecken.

TIPP: Dazu passt gut Polenta.

Genuss ohne Reue · SEITE 154

APFELKOMPOTT

Wasser
gemahlener Kardamom
Zimt
1 Nelke
Vanillepulver
1 kg säuerliche Äpfel (am besten Boskop)
Rosinen
5 EL Reissirup
1 EL Tahin
Apfeldicksaft
1 l Sojamilch
Gemahlene Haselnüsse und Mandeln (oder Mandelmus)
Kuzu

In wenig Wasser die Äpfel, in Würfel geschnitten mit Kardamom, Zimt, Nelke und Vanille zum Kochen bringen, Rosinen, Reissirup und Tahin hinzufügen. Alles kurz aufkochen, mit etwas Apfeldicksaft süßen.
Die Sojamilch separat aufkochen (Vorsicht, brennt leicht an!) und in die Mischung geben.
Gemahlene Haselnüsse + Mandeln dazu geben. Zum Andicken Kuzu mit kaltem Wasser anrühren, drunter geben, kurz aufkochen.
Fertig!

MAISGRIESS-KUCHEN

1 l Sojamilch Vanille
250 g Maisgrieß
130 g Reissirup
50 g Mandelstückchen
Rosinen nach Wunsch
1/2 TL Zimt
1/2 TL Kardamom
1/2 TL Vanillepulver
2 EL Apfeldicksaft

Die Sojamilch in einen Topf geben und unter ständigem Rühren zum Kochen bringen. Nach und nach den Maisgriess und die restlichen Zutaten unterrühren. Sobald die Masse dick wird, die Herdplatte ausschalten. Eine Glasschüssel mit Sesamöl oder ähnlichem auspinseln, die fertige Masse einfüllen, glatt streichen, erkalten lassen. Nach dem Erkalten auf eine Kuchenplatte stürzen. Dazu kann Soja-Sahne gereicht werden. Tipp: Soja-Sahne schaumig schlagen und mit Zimt, Apfeldicksaft und Reissirup süßen.

REISBREI AUS REISRESTEN

Reisreste,
z.B. Basmatireis
Reis- oder Sojamilch
Aprikosen
Rosinen
Kardamom
Zimt
Vanille
Reissirup

Den kalten Reis in einen Topf geben, mit Milch aufgießen und alle Zutaten unterrühren.
Kurz erhitzen.

Warm oder kalt servieren.

APRIKOSEN MIT ROSINEN

Getrocknete, ungeschwefelter Aprikosen
Rosinen
Zimt
Kardamom
Vanille
Kuzu oder Pfeilwurzelmehl
Reissirup
1 Liter Reismilch
geriebene Orangenschale
geriebene Zitronenschale
Soja-Sahne
Gemahlene Mandeln oder Haselnußkerne

Aprikosen, Rosinen, Zimt, Kardamom, Orangen- und Zitronenschale und Vanille in der Reismilch kurz aufkochen. Gemahlene Mandeln oder Haselnusskerne in die Menge geben, umrühren, mit Reismalz süßen und je nach Geschmack Kuzu oder Pfeilwurzelmehl (vorher mit kaltem Wasser anrühren) beigeben. Nochmals kurz aufkochen lassen.
Ob mit Vanillesauce oder geschlagener Soja-Sahne oder zu den süßen Breis zum Garnieren, diese fruchtige Mischung ist immer lecker.

STECKRÜBENAUFLAUF

1 Steckrübe (ca. 750 g)
Ume-Su
Öl für die Auflaufform
3 Zwiebeln
2 EL Kürbiskernöl
2 EL Dinkelmehl
100 ml biol. Gemüsebrühe
100 ml Soja-Sahne
Pfeffer
Muskatnuss
Ume-Paste
50 g Kürbiskerne

Die Steckrübe schälen, vierteln, in dünne Scheiben schneiden und 1/2 Stunde dämpfen. Das Kürbiskernöl in einer Pfanne erhitzen, die gehackten Zwiebeln darin andünsten, das Mehl darunter rühren und kurz anschwitzen lassen. Die Brühe und die Sahne hinzu fügen und ca. 5 Minuten köcheln lassen. Mit Ume-Paste, Pfeffer und Muskatnuss würzen, zuletzt die Kürbiskerne darunter mischen.

Den Backofen auf 225° C vorheizen. Die Steckrübenscheiben aus dem Dampftopf nehmen und mit Ume-Su würzen. Dann die Scheiben in eine geölte Auflaufform legen, die Sahnemischung darüber gießen, im Backofen ca. 1/2 Stunde backen bis die Oberfläche goldgelb ist.

es ist wesentlich besser, eine sünde zu geniessen, als ständig mit schlechtem gewissen herum zu laufen und verbissen gesund zu leben

PIKANTE, KNUSPRIGE POLENTA-PIZZA

500 ml Grüntee (3. Aufguss)
500 ml Sojamilch
1 Prise Natur-Steinsalz
1 Teelöffel Bio-Gemüsebrühe
300 g Bio-Polenta
200 g Tomatenmark
1 Dose Schältomaten
1/2 zerdrückte Knoblauchzehe
Pfeffer, Basilikum und Oregano
ca. 500 g Gemüse nach Belieben (einfach mal sehen was der Kühlschrank hergibt)

Tee und Sojamilch mit der Prise Salz und der Gemüsebrühe aufkochen und die Polenta einrühren. Kurz aufkochen lassen, Herd sofort abschalten, 10 Minuten quellen lassen, gelegentlich umrühren.

Anschließend die pikante Polentamasse auf ein geöltes Blech geben, mit einer Teigkarte ca. 1 cm dick aufstreichen, und in die gewünschte Form bringen. Für mehr Knusprigkeit das Blech nun ca. 10 min. im Backofen grillen auf 200° C. Anschließend die Schältomaten, das Tomatenmark, die zerdrückte Knoblauchzehe und die Gewürze mit einem Stabmixer gut pürieren und auf dem Polenta-Pizzaboden gleichmäßig verstreichen. (Nach Belieben können Sie auch etwas italienisches Pesto mit einmixen). Das Gemüse klein schneiden und auf dem Polenta-Pizzaboden verteilen und bei 180° C ca. 20 Min. goldgelb backen.

Natürlich können Sie die Pizza auch nach Belieben mit weiteren oder anderen Zutaten belegen.

SOJA-CREME-DESSERT „SCHOKO ZIMT"

1 Liter Soja-Milch
2 gestrichene TL Agar-Agar
1-2 EL Vollrohrzucker
1-2 EL Fruchtzucker
50 g Kakaopulver
1 Messerspitze Zimt
1 Prise Natursteinsalz
1 Messerspitze Vanillemark

Sämtliche Zutaten gut in die Soja-Milch einrühren und in einem Topf zum Kochen bringen. Ca. 2 Minuten köcheln lassen, dann vom Herd nehmen. Während die Masse abkühlt, immer wieder von Zeit zu Zeit kurz durchrühren um eine cremige Konsistenz zu erreichen.

KAROTTEN-APFEL-STRUDEL

Zum Teig:
300 g Dinkelmehl
5 EL Maiskeim- oder Sesamöl
150 ml Wasser
1 EL Genmai Su

Für die Füllung:
3-4 große Karotten
3-4 Äpfel
1/2 Tasse Hafer- oder Reisflocken
5-6 EL Reissirup
3 TL Zimt
1 TL Kardamom
2-3 EL Apfeldicksaft

Füllung: Karotten putzen, Äpfel waschen und fein raspeln. Drücken Sie die entstehende Flüssigkeit gut aus. Erwärmen Sie das Geraspelte in einem Topf und würzen Sie mit Zimt, Kardamom und Reissirup. Mischen Sie die Hafer- oder Reisflocken darunter und lassen Sie es abkühlen.

Teig: Die Zutaten mit den Händen gut durchkneten. Halbieren Sie den Teig und geben Sie jeweils eine Hälfte in eine mehlige Schüssel, die Sie mit einem Tuch luftdicht abdecken und 1/2 Stunde stehen lassen. Dann nehmen Sie zwei große gut gemehlte Tücher, legen die Teighälften jeweils hinein und rollen sie schön dünn aus. Streichen Sie die Äpfel jeweils auf das 1. Drittel des Teiges. Die anderen zwei Drittel werden mit Öl bestrichen. Mit Hilfe des Mehltuches formen Sie jetzt vorsichtig eine Rolle. Streichen Sie die fertigen Rollen mit Öl ein. Fetten Sie ein Backblech ein und heizen Sie den Backofen auf 190–200° C vor. Backen Sie die Strudel ca. 45 Minuten.

Genuss ohne Reue · SEITE 160

POLENTAROLLEN

Braune Teighälfte:
2 Tassen Polenta
1 l Soja- oder Reismilch
100 ml Getreidekaffee
Reissirup nach Geschmack (5-6 EL)
2-3 EL Apfeldicksaft
1 EL Tahin
1 EL Gomasio
2 TL Zimt
1 TL Kardamom
3 EL Kakaopulver

Weiße Teighälfte:
250 ml Soja- oder Reismilch
1/2 Tasse Polenta
1 TL Vanillepulver
2-3 TL Mandelmus
2-3 EL Apfeldicksaft
3 EL Reissirup
200 g Kokosraspeln

Zubereitung für beide Hälften:
Die Milch erhitzen, die Polenta langsam in die heiße Milch einrühren und kurz aufkochen lassen. Die jeweiligen Zutaten für die einzelnen Teighälften unterrühren. Achtung: Außer Tahin, Gomasio und Mandelmus!

Die fertigen Polenta-Teighälften abkühlen lassen und dann (siehe Zutaten) Tahin, Gomasio und Mandelmus dazufügen.

Rollen Sie dann den braunen Teig ca. 1,5 cm dick auf einem Stück Alufolie aus. Verteilen Sie jetzt den weißen Teig auf dem braunen Teig, evtl. auch vorsichtig ausrollen. Formen Sie jetzt mit Hilfe der Alufolie eine Teigrolle. Stellen Sie sie 2 Stunden in den Kühlschrank!

1. VARIANTE: Ersetzten Sie die Kokosraspeln mit Bio-Marmelade Ihrer Wahl

2. VARIANTE: Ersetzen sie die Kokosraspeln mit einer Mischung aus pürierten Erdbeeren und Soja-Sahne

LAUCH-KUCHEN

Zum Teig:
200 g Dinkelmehl
1/2 Tasse Polenta
150 ml Maiskeimöl
100 ml Soja-Sahne
3 TL Pfeilwurzelmehl
1 TL Backpulver (Reinweinstein)
1 TL Mexiko-Gewürz
1/2 TL Pfeffer
1/2 TL Schwarzkümmel

Zum Belag:
1 Stange Lauch
2 EL Sesamöl
150 ml Soja-Sahne
1 EL Dinkelmehl
1 Kräuterwürfel
1 TL Pfeffer
1/2 EL Ume-Paste
1 geriebene Knoblauchzehe

Teig: Mehl, Polenta, Pfeilwurzelmehl, Backpulver und die Gewürze mischen. Das Öl dazu geben. Gut durcharbeiten und mit Soja-Sahne angießen.

Belag: Das Öl erhitzen und den in Ringe geschnittenen Lauch dazugeben. Dünsten Sie es ein bisschen an und geben Sie das Dinkelmehl dazu, gut rühren und mit Soja-Sahne aufgießen. Jetzt die Gewürze darunter mischen.

Fetten Sie eine ovale Auflaufform ein und streuen Sie sie mit Semmelbrösel aus. Den Teig leicht rollen und in die Form geben. Mit den Fingern den Teig so ausstreichen, dass er die Form ausfüllt und am Rand einen Teigrand bildet. Dann mit der Gabel ein paar Löcher in den Teigboden stechen. Geben Sie den vorbereiteten Belag auf den Teig und backen Sie den Lauchkuchen im vorgewärmten Backofen bei 180° Grad für ca. 50-60 Minuten.

HIRSEPLÄTZCHEN MIT MARMELADE

200 ml Soja-Milch
2 EL Reissirup
1 Stück Zitronenschale
50 g Hirse
Sesamöl
3 EL Maiskeimöl
100 g Bio-Marmelade

Die Soja-Milch aufkochen, mit Reissirup süßen, Zitronenschale dazu geben. Die Hirse einstreuen, zugedeckt bei kleiner Hitze ca. 30 Minuten quellen lassen. Eine kleine eckige Form mit Sesamöl einfetten, Hirsemasse hineinfüllen, glatt streichen und erkalten lassen.
Nach Erkalten die Form stürzen, die feste Masse in Rauten schneiden. Das Maiskeimöl in einer Pfanne erhitzen, die Hirseplätzchen darin von beiden Seiten einige Minuten anbraten. Vorsichtig wenden, damit sie nicht zerfallen.

Das Dessert mit Marmelade servieren.

MAMALIGA

250 g Polenta
4 EL Sesammuss
1 l Wasser
Reissirup
200 ml Soja-Sahne
Zimt
Kardamom

Das Wasser erwärmen, Polenta, Sesammuss und Reissirup dazu geben und gut rühren, bei kleiner Hitze ca. 20 Minuten unter Rühren kochen. Dann ein flaches Blech mit Öl einfetten, die Polenta-Masse darauf gießen, die Sahne darüber geben, mit Zimt und Kardamom würzen und im vorgewärmten Backofen bei 220° C ca. 10 Minuten backen.

Sofort heiß servieren!

Diese süße Variante kann man auch würzig variieren. Dafür ersetzen Sie den Reissirup mit Ume-Paste und Zimt, Kardamom und Zucker mit würziger Tomatensoße.

POLENTA BOMBE

2 Tassen Polenta
1 l Soja-Milch
2 TL Kardamom
3 TL Zimt
1 TL gemahlene Nelken
1 TL Vanillepulver
1 EL Gomasio
2 EL Tahin
4 EL Apfeldicksaft
5 EL Reissirup
3 EL Kakaopulver
Flower-Power-Gewürz-Blüten-Mischung (von Sonnentor)

In einem Topf die Soja-Milch erwärmen, mit Reissirup und Apfeldicksaft süßen. Mit Nelke, Kardamom, Zimt und Vanillepulver würzen. Unter Rühren die Polenta dazu geben. Zum Schluss Gomasio und Tahin gut unter rühren und alles erkalten lassen. Kleine Kügelchen formen, mit Gewürz-Blüten-Mischung bestreuen, auf ein mit Backpapier ausgelegtes Backblech legen und bei 200° C ca. 1/2 Stunden backen und dann sofort servieren!

SÜSSKARTOFFEL-CREMESUPPE

3 große Süßkartoffeln
250 ml Soja-Milch
200 ml Soja-Sahne
1 EL Dinkelmehl
50 ml Sesamöl
1 TL Kardamom
2 TL Zimt
2 EL Apfeldicksaft
2 EL Reissirup
1 TL Ingwerpulver
je 1 Messerspitze Pfeffer, Nelken und Vanillepulver
1 EL Ume-Paste

In einem Topf das Öl erhitzen. Die klein geschnittenen Süßkartoffeln dazugeben und bei kleiner Hitze mit geschlossenem Deckel garen. Das Mehl dazu geben und mit kalter Soja-Milch aufgießen. Umrühren und köcheln lassen. Alle Zutaten bis auf die Ume-Paste dazu geben und mit Handmixer pürieren.

Zum Schluss mit Ume-Paste abschmecken.

SÜSSKARTOFFELKNÖDEL (MIT MARMELADE UND POLENTA)

für 8 Knödel:
1 große Süßkartoffel
1 große Tasse Dinkelmehl
1 große Tasse Polenta
Bio-Marmelade nach Geschmack
3 EL Sesamöl
1/2 Tasse Polenta
1/2 Tasse Grieß oder Semmelbrösel
3 TL Zimt
2 TL Kardamom
3 EL Reissirup

Die sehr klein geschnittenen Süßkartoffeln in etwas Öl weich dünsten. Mit Mehl und Polenta gut durchkneten, bis ein fester Teig entsteht. Den Teig rollen und in 8 gleich große Stücke teilen. Jedes Stück mit Marmelade füllen und zu Knödeln umarbeiten.
In einem großen Topf Wasser erhitzen und die Knödel vorsichtig hineingeben. Wenn die Knödel an die Wasseroberfläche steigen, sind Sie fertig und können herausgehoben werden.
In einer Pfanne Öl erhitzen, die Polenta, den Grieß und die Mischung aus Zimt und Kardamom dazugeben. Gut rühren bis es schön goldbraun wird, mit Reissirup süßen. Zum Schluss die fertigen Knödel darin wälzen und sofort servieren.

ÜBERBACKENER BLUMENKOHL

1 kg Blumenkohl
3-4 EL Sesamöl
3-4 EL Polenta
250 ml Soja-Sahne
2 EL Ume-Su
1 EL Muskatnuss

Eine Auflaufform mit Öl bestreichen, mit Polenta ausstreuen und den gedämpften Blumenkohl hinein geben.
Soja-Sahne mit Ume-Su und Muskatnuss mischen und auf den Blumenkohl gießen.
Bei 180° C kurz backen.

Blumenkohl lässt sich auch durch Wirsing, Rosenkohl, grüne Bohnen etc. ersetzen.

Genuss ohne Reue · SEITE 166

SÜSSKARTOFFELSALAT

5 Süßkartoffeln
biologische Gewürzgurken
Sud von den Gurken
Mittelscharfer Byodo-Senf
Selbstgemachte Mayo
Schwarzer Pfeffer aus der Mühle
Lauchzwiebel
Schnittlauch
Mittelgroße rote Zwiebel

Süßkartoffeln schälen, halbieren und im Dampftopf ca. 15-20 Min. garen, zur Kontrolle zwischendurch anstechen, ob sie weich sind. Kartoffeln auskühlen lassen und in Scheiben schneiden. Zwiebeln fein hacken, Gurken in Scheiben schneiden, Lauchzwiebeln und Schnittlauch in Ringe schneiden. In eine Schüssel die Mayo geben.Zwiebel, Gurken und Schnittlauch darunter mengen, mit dem Sud der Gurken abschmecken, so dass eine schöne flüssige Creme entsteht.

Alles über die Süßkartoffeln geben, gut vermengen, mit schwarzem Pfeffer abschmecken und evtl. mit etwas Genmai Su noch säuerlicher würzen.

KÜRBISGEMÜSE SÜSS-SAUER MIT MARONEN

EINE LECKERE BEILAGE ZU SEITAN- UND TOFUGERICHTEN

1 kleiner Hokkaidokürbis
(optisch schön wenn 1/2 grün + 1/2 oranger Kürbis)
in mundgerechte Stücke geschnitten, nicht allzu klein!
1 großes Glas Maronen
(in Hälften oder Viertel schneiden)
3 säuerliche Äpfel, in Würfel geschnitten
1 EL Ume-Paste

In eine heiße Pfanne reichlich Sesamöl geben. Kürbisstücke scharf anbraten, die Ume-Paste unterrühren, dann Äpfel- und Maronenwürfel zugeben und unter Rühren weitere Minuten anbraten.

Den Deckel auf die Pfanne geben, weiter anbraten und gelegentlich umrühren.

Bei ganz kleiner Hitze im eigenen Saft dünsten.

.

HOKKAIDO-GEMÜSE

1 Hokkaidokürbis
1 Stange Lauch
3 Zwiebeln
Sesamöl
1-2 EL Ume-Paste

Die Zwiebel in Würfeln anbraten, den Kürbis waschen, Kerne entfernen, in Würfel schneiden und mit in die Pfanne geben. Den Lauch in feine Streifen schneiden und über dem Pfanneninhalt verteilen und mit der Ume-Paste würzen und das Gemüse weich schmoren.

.

KAROTTEN-PASTINAKEN-KÜRBIS-GEMÜSE

MILD UND SÜSSLICH – PRIMA FÜR KINDER

Ca. 300 g Hokkaido-Kürbis (schön: grüner und oranger Kürbis)
1 mittelgroße Zwiebel gewürfelt
3 mittlere Karotten gewürfelt
1 mittlere Pastinake gewürfelt
Sesamöl
1 Kräuter-Brühwürfel in ca. 1/2 l Wasser
Ume-Paste
1 Bund Schnittlauch oder Petersilie
fein gehackt zum darüberstreuen.
Shoyu
Soja-Sahne
Apfeldicksaft

Kürbis in mundgerechte Stücke schneiden.
Die Zwiebel in reichlich heißem Sesamöl goldgelb dünsten. Kürbis, Karotten und Pastinaken zugeben und unter Rühren kurz dünsten. Ume-Paste in etwas Wasser auflösen und darübergießen. Deckel drauf und 10 Min. bei ganz milder Hitze schmoren lassen. Dann mit Shoyu und Soja-Sahne abschmecken. Ganz zum Schluss mit Apfeldicksaft verfeinern.
Wer es lieber ein bisschen herzhafter möchte, lässt den Apfeldicksaft weg.

Dazu schmeckt Reis, Hirse oder Buchweizen gut.

karotten muss man nicht schnitzen
zack-zack, ab in die pfanne, öl rein,
gemüse dazu, fertig in fünf minuten!

Genuss ohne Reue · SEITE 170

DER SÜSSE BREI

150 g Polenta oder Hirseflocken oder Reisflocken oder Haferflocken
1 Liter Soja- oder Reismilch
6-8 getrocknete wilde Aprikosen (ungeschwefelt)
1 Tasse Rosinen
50 g gehobelte Mandeln
je 1 EL Tahin, Reissirup, Zimt
1/2 TL geschälter Kardamom
1/2 TL Vanillepulver
1/2 TL geriebener Kardamom
1 kleiner Schuss Apfeldicksaft

Die Milch erhitzen und die Rosinen und fein gehackte Aprikosen mit geschältem Kardamom dazugeben. Mit Zimt, Vanille und gemahlenem Kardamom würzen und mit Reissirup und Tahin süßen. In die warme Milch Polenta (oder Getreideflocken) einrühren und gut durchrühren. Kurz aufkochen lassen. Den Herd ausschalten und die Polenta ca. 10 Min. ausquellen lassen. Öfter rühren. In die fertige Polenta die Mandeln einrühren und mit einem Schuss Apfeldicksaft abschmecken. Dann in ein Gefäß geben, abkühlen lassen, stürzen und mit Apfeldicksaft garnieren.

VARIANTE

Um dem Brei eine fruchtigere Note zu verleihen, können Sie 2 große säuerliche Äpfel (Boskop) dazugeben. Schälen und würfeln Sie die Äpfel und geben Sie sie mit Polenta in die heiße Milch.

SCHLAGSAHNE

1 Soja-Sahne
Saft einer Zitrone
Apfeldicksaft
Zimt
gemahlener Kardamom

Die Soja-Sahne wird mit Zimt und gemahlenem Kardamom geschlagen. Unter die festwerdende Sahne immer wieder einen Schuss Saft von der ausgepressten Zitrone dazugeben.

HIRSE-KUCHEN

200 g Hirse
1 l Sojamilch
Rosinen
klein geschnittene, getrocknete Aprikosen,
je 1 Tütchen Zitronen- und Orangenschalen gemahlen)
Zimt
Kardamonpulver und geschälte Kardamonkerne
Vanille
Reissirup
Apfeldicksaft
100 ml Maiskeimöl
Soja-Sahne

Die Hirse in Milch geben (1 Teil Hirse, 5 Teile Milch), Aprikosen, Zimt, Kardamompulver oder -kerne zufügen und unter ständigem Rühren aufkochen lassen.
Vorsicht: Hirse brennt in Milch leicht an!
Danach Vanille, Reissirup, Maiskeimöl und Haselnussmus dazugeben und alles gut verrühren.
Von der Herdplatte nehmen, Orangen- und Zitronenschalen unterrühren und im Backofen noch ca. 1 Stunde garen. Auskühlen lassen und am nächsten Tag kalt essen.
Zum Servieren Soja-Sahne mit Vanille und Apfeldicksaft süßen und über den Kuchen geben.

Variation: Geriebene Zitronenschale oder Zimt darüber streuen.

KÜRBIS-CREME

ALS DESSERT FÜR VIELE PERSONEN, ALS SÜSS-SPEISE ODER ALS FÜLLUNG FÜR „KÄSEKUCHEN"

1 kg Hokkaidokürbis orange
in Stücke geschnitten
500 g Tofu natur, zerbröselt
100 g Reissirup
100 g Mandelmuss
1 EL Tahin
1 TL Ume-Paste
3 EL Apfeldicksaft
1 Päckchen Zitronat fein gemixt
(oder 1 Tütchen Zitronenschalen gem.)
1 Päckchen Orangeat fein gemixt
(oder 1 Tütchen Orangenschalen gem.)
1/4 TL Kardamom gemahlen
1 TL Zimt
1/2 TL Vanille
Rosinen nach Belieben.
Soja-Sahne nach Belieben

Kürbis und Tofu im Einsatz des Dampfdrucktopfes ca. 10 Min. dampfgaren oder im gelochten Dämpftopf zuerst Kürbis, dann Tofu garen. Wenn der Topf groß genug ist, kann beides zusammen gedämpft werden. (15-20 Min.).
Den gegarten Kürbis, Tofu und 1 schwachen EL Ume-Paste fein pürieren und mit den restlichen Zutaten vermengen: Zum Abschluss abschmecken und beliebig nachwürzen. Eventuell noch Apfeldicksaft und Zitronenschalenabrieb zugeben. Wenn man einen Mürbeteigboden mit Rand backt, kann man diese Füllung auf den Boden geben und einige Stunden durchziehen lassen. Die Füllung wird nicht gebacken. Schon hat man einen vegetarischen „Käsekuchen". Die Creme ist im Kühlschrank eine Woche haltbar. In Schraubglas oder Tupperware füllen.

DER SÜSSE BROTAUFSTRICH

500 g Reissirup
2 geh. EL Tahin

Beide Zutaten kräftig miteinander verrühren. So erhalten Sie einen süßen Energiespender, der z.B. auf Reiswaffeln oder pur genossen lecker schmeckt.

Genuss ohne Reue · SEITE 174

METALL / HERBST

FRÜHSTÜCK	Hirse-Birnenfrühstück
	Avocadocreme mit Basmatireis
	Reiscongeevariation
ZWISCHENMAHLZEIT	Wurzelgemüsemus
MITTAGESSEN	
Suppe	Karotten-Lauch-Suppe
Vorspeise	Rettichgemüse
Hauptspeise	Kürbis auf dem Backblech
	Schwarze Linsen
Nachspeise	Gebratene Feigen mit Birnen
ABENDESSEN	Gebratene Austernpilze
	Bunte Herbstgemüsepfanne
	mit gebratenem Reis
GETRÄNKE	Tee zur Stärkung der Immunkraft

das leben muss immer
etwas sexy sein!

HIRSE-BIRNENFRÜHSTÜCK

6 Tassen heißes Wasser
2 Tassen Hirse
3 mittlere Birnen geschält, entkernt und geviertelt
1 Tasse kleingehackte Trockenfrüchte (Marillen, Feigen, Datteln)
1–2 frische blaue Feigen mit Schale gewaschen und geviertelt
1/2 TL Koriandersamen frisch gemahlen oder gemörsert
1 Prise unraffiniertes Meersalz
Zitronensaft nach Geschmack
Bio-Zitronenschale gerieben nach Geschmack
1 Tasse kleingehackte Mandeln
1/2 TL Kardamom frisch gemahlen oder gemörsert

Hirse abwechselnd einmal mit kaltem und einmal mit heißem Wasser waschen (nimmt den bitteren Geschmack). Wasser zum Kochen bringen und die Hirse einrühren.

Ca. 40 Minuten bei kleiner Flamme köcheln, danach die Birnen, Trockenfrüchte und die frischen Feigen sowie Koriander, Meersalz, Zitronensaft und Zitronenschale und Mandeln behutsam unterrühren und noch ca. 10 bis 15 Minuten quellen lassen. Vor dem Servieren mit Kardamom bestreuen.

TIPP:

- **Reste können mit etwas Honig und Mandelmus als süße schmackhafte Zwischenmahlzeit verwertet werden.**

- **Eventuell am Vortag vorkochen und entweder im Backrohr oder im Wasserbad mit 1 Tasse Birnensaft wärmen.**

AVOCADOCREME MIT BASMATIREIS

2 reife Avocados
1 Messerspitze frische Ingwerwurzel fein gerieben
2 Frühlingszwiebeln fein geschnitten
1–2 Knoblauchzehen fein zerdrückt
4–6 EL Sojasoße
2–3 EL Zitronensaft
1 Prise Paprikapulver
1 Prise Zimtpulver
1 Prise schwarzer Pfeffer frisch gemahlen
wahlweise: frische Kräuter wie Petersilie, Schnittlauch, Kresse, frischer Koriander, Basilikum

Die Avocados halbieren, vom Kern und aus der Schale lösen und mit der Gabel zerdrücken. Ingwer, Frühlingszwiebel, Knoblauchzehe, Sojasoße, Zitronensaft, Paprikapulver, Zimt und Pfeffer untermischen und mit frischen Kräutern Ihrer Wahl bestreuen. Die rohe Avocadocreme mit dem Basmatireis oder Reiscongee vermengen oder auf den Reis einen Gupf Avocadocreme setzen und mit frischen Kräutern Ihrer Wahl bestreuen.

BASMATIREIS

1 Tasse Reis
2 Tassen Wasser
1 Spritzer Zitronensaft
1 Messerspitze Curcuma
1 TL Walnussöl oder Olivenöl
1 kleine geschälte Zwiebel
1–3 Gewürznelken im Ganzen

Reis mit kaltem Wasser kurz abspülen, mit frischem kalten Wasser in einen Topf mit gut schließendem Topf geben und die restlichen Zutaten der Reihe nach dazugeben. Bei offenem Deckel zum Kochen bringen. Mit einer Gabel kurz umrühren und noch ca. 15 Minuten zugedeckt auf kleinster Flamme köcheln lassen.

BASMATI-REIS

1 gr. Tasse Basmati-Reis
2 gr. Tassen Wasser
1/2 TL Kurkuma
1/2 TL geschälter Kardamon
Meersalz (1 Pfund Basamati-Reis = ca. ein schwach gehäufter TL Meersalz)

Den Reis gut waschen. dann in Salzwasser (knapp 2 Tassen Wasser im Schnellkochtopf oder 2 1/2 Tassen Wasser im normalen Topf) mit Kardamom und Kurkuma sprudelnd aufkochen lassen, den Deckel schließen und ca. 15–20 Min. kochen. Dann weitere 20 Min. auf warmer Platte ausquellen lassen.

Achtung: Wie bei allen Getreiden nicht umrühren!

1. VARIANTE REIS (CALASPARA)

Dieser Rundkornreis wächst in Spanien und ist der aromatischte und schmackhafteste seiner Sorte.
Er braucht zum Kochen mehr Wasser als Basmati:
1 Tasse Reis
2 1/2 Tassen Wasser (im Schnellkochtopf)
3 1/2 Tassen Wasser im normalen Topf

Kochzeit: 1 Std. ohne Schnellkochtopf, 40 Min. mit Schnellkochtopf

REISCONGEEVARIATION

FÜR MEHRERE TAGE

2 Tassen Vollwert-Reis

12 Tassen kaltes Wasser

1 Spritzer Zitronensaft

1 Messerspitze Curcuma

1 TL Walnussöl oder Olivenöl

1 kleine geschälte Zwiebel

1–3 Gewürznelken im Ganzen

1 Stück Wakame-Alge

Reis mit kaltem Wasser kurz abspülen, mit dem frischem kalten Wasser in einen Topf mit gut schließendem Topf geben und die restlichen Zutaten der Reihe nach hinzufügen. Zugedeckt auf kleinster Flamme mindestens vier Stunden köcheln lassen.

VARIATIONEN: Passt sehr gut zu Hülsenfrüchten.

Gibt dem Körper sehr viel Energie. Gut bei Erschöpfung oder Krankheit.

TIPP: Größere Mengen Getreide oder Hülsenfrüchten vorkochen und bei Bedarf die benötigte Menge wärmen. Spart Zeit!

WURZELGEMÜSEMUS

1 Sellerieknolle
3 Petersilienwurzeln
3 gelbe Rüben
3 Karotten kleinwürfelig geschnitten
Frisch gemahlener Pfeffer nach Geschmack
1 l kaltes Wasser
Unraffiniertes Meersalz nach Geschmack
1 Stück Wakame-Alge
1-2 TL Zitronensaft
3-5 Wacholderbeeren zerdrückt
1 TL Curcuma
1 TL Thymian getrocknet
2- 4 El Tahin
1 TL schwarze Senfsamen frisch gemahlen
Tamarisoße nach Geschmack
1 TL Umeboshipaste
1 Bund Petersilie grob gehackt
1 TL geriebene Bio-Zitronenschale
4 EL Olivenöl
1-2 EL Kren / Meerrettich frisch gerieben

Gemüse, Pfeffer, Wasser, Meersalz und Alge, Zitronensaft, Wacholder, Curcuma und Thymian in einen Topf geben und weich dünsten. Mit schwarzen Senfsamen, Tahin und / oder Olivenöl vermengen und pürieren. Mit Tamari und Umeboshipaste abschmecken und mit Petersilie, Zitronenschale, Olivenöl und Kren / Meerrettich servieren.

Gut für den Magen.

TIPP: Eignet sich gut als Brotaufstrich oder Zwischenmahlzeit – auch zum Mitnehmen ins Büro...

KAROTTEN-LAUCH-SUPPE

2 EL Rapsöl oder Sesamöl
1/2 TL frische Ingwerwurzel gerieben
1 Knoblauchzehe klein gehackt
1 Stange Lauch
in feine Ringe geschnitten
3 mittlere Karotte
in Scheiben geschnitten
1 TL Kuzu angerührt
mit 3 EL kaltem Wasser
1 EL Maggikraut / Liebstöckel
je 1 TL Kümmel, getrockneter Majoran
Schwarze Senfsamen
frisch gemahlen / gemörsert
Pfeffer frisch gemahlen nach Geschmack
1 l warmes Wasser
Unraffiniertes Meersalz nach Geschmack
1 EL Ume-Su
1/2 TL Olivenöl
1/2 Bund Schnittlauch fein geschnitten

Das Öl erhitzen, Lauch und Ingwer darin anbraten und die Karotten hinzufügen. Mit Maggikraut / Liebstöckel, Kümmel, Majoran, Pfeffer und den schwarzen Senfsamen würzen, das Wasser dazugeben und köcheln, bis die Karotten bissfest sind.

Möchte man die Suppe etwas sämiger, rührt man das Kuzu, bevor man es in die Suppe gibt, mit etwas kaltem Wasser glatt an. Danach mit Knoblauch und Meersalz abschmecken und das Ganze noch ca. 3 Minuten köcheln lassen. Mit Umesu ablöschen, Olivenöl einrühren und mit Schnittlauch bestreuen.

Bei Ankündigung einer Erkältung mehr Ingwer und Lauch und eventuell fein gehackte Frühlings-zwiebeln vor dem Servieren untermischen.

ABER ACHTUNG:
Nicht bei Halsweh und Fieber!

TIPP: Polentaschnitten als Einlage!

RETTICHGEMÜSE

1 EL Sesamöl
1/2 TL frische Ingwerwurzel gerieben
1 Bierrettich (weißer Zapfenrettich) der Länge nach halbiert und in Scheiben geschnitten
Unraffiniertes Meersalz nach Geschmack
1 TL Zitronensaft
1 TL Bio-Zitronenschale gerieben
1/2 TL Ysopblätter zerrieben
2-3 TL geröstete Walnüsse grob zerkleinert
1/2 TL Piment
1 Messerspitze Muskatnuss frisch gerieben
Schnittlauch zum Garnieren

Für die Marinade:
1 TL Umeboshipaste
1 Prise Paprikapulver
1 TL Walnussöl oder Olivenöl
1 TL Honig
1-4 TL Tamari

Extrem schnell zubereitet!

Das Öl erhitzen, Rettich und Ingwer bissfest anbraten, salzen, Zitronensaft, Zitronenschale, Ysop, Walnüsse, Piment und Muskatnuss hinzufügen und durchrühren. Mit Schnittlauch garnieren und – wenn gewünscht – als Geschmacks-variation mit der Marinade übergießen.

Marinade:
Umeboshipaste
Paprikapulver
Öl
Honig
Tamari

Alle Zutaten mit einer Gabel oder einem Schneebesen etwas aufschlagen.

TIPP: Marinade auf Vorrat zubereiten. Die Zutatenmenge erhöhen und alles in ein gut verschließbares Schraubglas füllen, gut durchschütteln. Hält ca. eine Woche im Eiskasten.

KÜRBIS AUF DEM BACKBLECH

2 EL Olivenöl
1 Hokkaidokürbis
1 kleine frische Chili
entkernt und fein gehackt
1/2 TL Bourbonvanillepulver
1 Knoblauchzehe fein gehackt
1 TL Kreuzkümmel frisch gemahlen
1/2 TL Pfeffer frisch gemahlen
Unraffiniertes Meersalz nach Geschmack
1 TL Zitronesaft
Rosmarin und / oder Salbei
getrocknet oder frisch zerrieben
2-4 EL Kürbiskerne
1 Messerspitze Muskatnuss
frisch gerieben

Den gewaschenen ungeschälten Hokkaidokürbis in 1/2 cm dicke Scheiben schneiden und auf ein Backblech schichten (vorher einfetten, bzw. mit Backpapier auslegen).

Die Kürbisscheiben mit der Marinade aus Chili, Bourbonvanille, Knoblauch, Kreuzkümmel, Pfeffer, Meersalz und Zitronensaft, Rosmarin und / oder Salbei und Öl einpinseln, mit Kürbiskernen bestreuen. Mit einer Muskatnussreibe etwas Muskatnuss darüber reiben und ca. 15-25 Minuten lang im Rohr backen.

Stärkt die Mitte.

TIPP: Ein schnell zuzubereitendes Essen. Dazu passen gekochtes Getreide und gekochte Hülsen-früchte, z.B. schwarze Linsen.

SCHWARZE LINSEN

1 Tasse schwarze Linsen (Beluga)
3 Tassen kaltes Wasser
1/2 TL Hiziki-Algen
1 Spritzer Zitronensaft
2–4 Wacholderbeeren
1 Spritzer Öl
1 Lorbeerblatt
1 TL Bohnenkraut
1 Scheibe frische Ingwerwurzel
2 EL unpasteurisierter Essig
oder Gen Mai Su oder Ume-Su
2 EL Tamari

Die Linsen gut waschen und mit Ingwer und Wasser zum Kochen bringen. Falls notwendig den Schaum abschöpfen. Wenn kein Schaum mehr aufsteigt, die Algen, einen Spritzer Zitronensaft, die Wacholderbeeren, das Öl, das Lorbeerblatt und das Bohnenkraut dazugeben und offen ca. 20 Minuten köcheln lassen.

Mit Tamari und Essig abschmecken und servieren.

GEBRATENE FEIGEN MIT BIRNEN

1 EL Rapsöl
2–3 reife Birnen geschält,
entkernt und geviertelt
1 TL Kakaopulver
4–6 frische blaue Feigen
gewaschen und Scheiben geschnitten
1 TL Bourbonvanillepulver
1 Prise unraffiniertes Meersalz
1 EL Zitronensaft
1 EL geriebene Bio-Zitronenschale
1–2 EL Mohn und / oder 1–2 EL Cognac
1–2 EL gestiftelte geröstete Mandeln
1 Prise Muskatnuss frisch gerieben

In einer Pfanne das Öl erwärmen, die Birnen darin kurz anbraten, das Kakaopulver einrühren, die Feigen hinzufügen und vermischen. Bourbonvanille, Meersalz, Zitronensaft, die Zitronenschale, Mohn und / oder Cognac unterrühren, in Schalen füllen und mit den Mandeln und frischgemahlener Muskatnuss garniert servieren.

TIPP: Eine schnelle und unkomplizierte Nachspeise.

BUNTE HERBSTGEMÜSEPFANNE MIT GEBRATENEM REIS

2 EL geröstetes Sesamöl
1 größere rote Zwiebel kleinwürfelig geschnitten
1/2 TL Kreuzkümmel frisch gemahlen
1 TL Koriander frisch gemahlen
1 TL Hiziki-Algen, kurz in heißem Wasser eingeweicht, abgetropft und zerkleinert
1–2 TL Zitronensaft
2 TL Bockshornkleesamen gemahlen
4 Karotten
4 Scheiben Sellerieknollen
4 Petersilienwurzel
1/2 Frühkrautkopf klein geschnitten
1 Chilischote entkernt und zerstoßen
Pfeffer frisch gemahlen nach Geschmack
1 Schuss Reiswein
unraffiniertes Meersalz nach Geschmack
1 Bund Petersilie gehackt
2 TL frischer Thymian
2 EL frische Salbeiblätter grob gehackt
1 TL brauner Zucker
1/2 TL Zimtpulver

für den gebratenen Reis:
1 EL geröstetes Sesamöl
1/2 TL Curcuma
2 EL schwarzer Sesam
4 Schalen gekochter Reis
Tamari oder Miso oder unraffiniertes Meersalz nach Geschmack

Das Öl erhitzen, die Zwiebel glasig anbraten, Kümmel, Koriander, abgetropfte Algen, Zitronensaft, Bockshornkleesamen und das Gemüse dazugeben und braten, bis das Gemüse bissfest ist. Mit der Chilischote und dem Pfeffer würzen und mit Reiswein aufgießen. Salzen, die Petersilie, Thymian und Salbei unterheben und mit dem braunen Zucker und Zimt abschmecken.
Für den gebratenen Reis das Öl mit Curcuma und schwarzem Sesam in einer Pfanne erhitzen, den vorgekochten Reis knusprig braten und mit dem Gemüse servieren. Wenn nötig mit Tamari, Miso oder unraffiniertem Meersalz abschmecken.

Bringt Qi in Bewegung.

TIPP: Bleibt etwas übrig, kann man die Reste sehr gut am nächsten Tag als Einlage für eine Misosuppe aus hellem Reis-Miso verwenden. Ein Blitzgericht!

GEBRATENE AUSTERNPILZE

2–3 EL heißes Wasser
2 EL Öl
1 Prise Curcuma
1–3 EL Pinienkerne
4 mittlere Schalotten
in Ringe geschnitten
1/2 TL Ingwerwurzel kleingehackt
300 g Austernpilze
mundgerecht zerkleinert
Frisch gemahlener Pfeffer
nach Geschmack
1 Prise unraffiniertes Meersalz
1 kleines Glas Weißwein
oder 1 TL Zitronensaft
1/2 Bund Petersilie grob gehackt
1 TL Kuzu
in 3–4 EL kaltem Wasser aufgelöst
1 Prise Kreuzkümmel
frisch gemahlen / gemörsert

Eine Pfanne erhitzen, das heiße Wasser und erst danach das Öl in die Pfanne geben. (Ist so verträglicher für Magen, Leber und Galle.) Curcuma kurz darin anbraten, die Pinienkerne, Schalotten und den Ingwer ebenfalls anbraten und an den Rand schieben. In der Mitte die geputzten Austernpilze anbraten. Anschließend mit den Pinienkernen und Schalotten wieder vermengen. Pfeffern, salzen, mit dem Wein oder Zitronensaft aufgießen. Petersilie dazu mischen, die Kuzulösung unterrühren und noch 2–3 Minuten köcheln lassen. Mit Kreuzkümmel servieren.

TIPP: Passt gut zu breiten Reisnudeln. Reisnudeln mit kochendem Wasser übergießen und ca. 5 Minuten ziehen lassen, Wasser abgießen.

Eventuell noch etwas kaltgepresstes Öl Ihrer Wahl über die Nudeln geben.

TEE ZUR STÄRKUNG DER IMMUNKRAFT

Mischung zu gleichen Teilen aus getrocknetem Bohnenkraut, Rosmarin, Thymian und Salbei. 1 TL davon mit 1/2 l heißem, nicht kochendem Wasser übergießen. Zugedeckt mind. 10 Minuten ziehen lassen. Zehn Tage lang täglich eine Tasse trinken.

KOKOH-BREI

1 Tasse Kokoh (Getreidemischung)
4 Tassen Sojamilch
2-3 EL Reissirup - Tahin – Mischung
Viel Zimt
Gemahlener Kardamom
Vanille

Der Kokoh wird mit einem Pürierstab in die kalte Milch eingerührt, alle Zutaten dazu geben, erwärmen, kurz zum Kochen bringen und ausquellen lassen, bis ein Brei entsteht.

Zum Verfeinern einen Schuss Soja-Sahne dazu geben.

VARIANTE:
Basmatireis im Drucktopf mit einer Prise Salz, Kurkuma und gemahlenem Kardamom kochen. Dann viel Zimt dazugeben und noch etwas Kardamom, Vanille und Reissirup, alles pürieren und dann genießen.

PFANNKUCHEN

250 g fein gemahlenes Vollkornmehl
(Dinkel-, Kamut- oder Buchweizenmehl)
Prise Natursalz
125 ml spritziges Mineralwasser
125 ml frische Sojamilch
1 EL Ume-Su
250 ml GRÜNTEE (2. oder 3. Aufguß)
Ein wenig gutes Öl
(Sonnenblumen- oder Maiskeimöl)

Aus Mehl, Salz, Mineralwasser, Sojamilch und Tee einen nicht zu festen Pfannkuchenteig rühren. (Teig tropft vom Löffel) Pfannkuchen in etwas gutem Öl goldgelb ausbacken.
(Am besten mit sehr wenig Öl in einer guten Anti-Haft-Pfanne).

Füllung für den pikanten Gaumen:

- Tomaten
- Basilikum
- Zwiebel
- etwas Knoblauch
- 1-2 EL Maiskeimöl
- Pfeffer und Natursalz

Kleingeschnittene Zwiebel in Maiskeimöl anschwitzen. Gewürfelte Tomaten und gehacktes Basilikum zugeben und gut andünsten. Zerdrückte Knoblauchzehe dazu und mit Salz und frisch gemahlenem Pfeffer abschmecken.

Füllung für den süßen Gaumen

- 1 ganzen Apfel raspeln
- Reissirup
- 1 TL Zimt
- 1 Prise Natursteinsalz

Alle Zutaten gut mischen – schon ist die Füllung fertig!

Sie können anstelle des Apfels auch Reissirup-Tahin-Mischung oder eine biologische Marmelade verwenden.

Genuss ohne Reue · SEITE 190

NUDELAUFLAUF

500 g Spiralnudeln oder Spaghetti
1 Tasse klein geschnittenen Tofu (oder Tofugranulat)
1 Zwiebel
Ein Stück fein in Scheiben geschnittenen Ingwer
4 EL Sesamöl
100 ml Brühe
1/2 TL Paprika
1/2 TL Pfeffer
3 TL Ume-Paste
2 Tassen klein geschnittenes Gemüse (z.B. Karotten, Blumenkohl, Brokkoli)
2-3 EL Bolognese Soße

Die Nudeln kochen nach Gebrauchsanweisung. Das Öl in einer Pfanne erhitzen, die klein geschnittenen Zwiebeln andünsten bis sie glasig werden. Dann den Tofu dazu geben und etwas anbraten, mit Paprika und Pfeffer würzen und mit der Brühe aufgießen. Jetzt das Gemüse, die Bolognese und den Ingwer dazugeben. Bei kleiner Hitze abgedeckt ca. 20-30 Minuten kochen. Zum Schluss mit Ume-Paste abschmecken. Alles unter die Nudeln mischen und in einer geölten Auflaufform bei 180° C ca. 35 Minuten backen.

TOMATEN-HIRSE-PFANNE

2 Zwiebeln
2 Knoblauchzehen
3 EL Sesamöl
120 g Hirse
200 g passierte Tomaten
1/2 l Brühe
1TL Pfeffer
100 ml Soja-Sahne
1/2 Bund Basilikum
2 kleine Tomaten
2-3 TL Ume-Paste

Zwiebeln und Knoblauch schälen und klein würfeln und in einer großen Pfanne mit heißem Sesamöl glasig dünsten. Die Hirse einstreuen und kurz verrühren. Tomaten und Brühe angießen, pfeffern und ohne Deckel ca. 20 Minuten bei schwacher Hitze quellen lassen. Die Soja-Sahne und das fein geschnittene Basilikum dazu geben. Tomaten schneiden in die Pfanne geben, und kurz erhitzen.

LINSENTASCHEN

für 8 Taschen:

Für den Belag:
1 Teller vom restlichen Linsen-Eintopf
1/2 Tasse Polenta
Zum Teig:
150 g Dinkelmehl
2 1/2 EL Maiskeimöl
100 ml lauwarmes Wasser
1/2 EL Genmai Su
1/2 TL Pfeffer
2 TL Ingwer Pulver
1 Prise Hirschhornsalz

Den restlichen Linseneintopf in einem Topf erwärmen und die Polenta einstreuen, bis ein fester Brei entsteht. In einer Schüssel werden Mehl, Pfeffer, Ingwer, Hirschhornsalz, Öl, Genmai Su und Wasser gemischt und mit Hand gut durchgearbeitet. Die Schüssel wird mit einem in warmem Wasser ausgewrungenen Tuch zugedeckt, und bleibt eine halbe Stunde stehen.
Dann wird der Teig auf einem gut bemehlten Küchentuch sehr dünn ausgerollt und mit einem Teigrädchen in 8 Stücke geschnitten. Bestreichen Sie die Stücke mit Öl und verteilen Sie den Linsenbelag darauf.
Formen Sie Teigtaschen und geben Sie diese auf ein gut geöltes Backblech. Bestreichen Sie die Taschen mit Soja-Milch und backen Sie die Taschen im vorgeheizten Backofen bei 190° C ca. 40-45 Minuten.

Die Füllung kann variieren, auch Chili Bohnen und diverses Gemüse eignen sich dafür.

ZWIEBEL-CREMESUPPE

4 Zwiebeln
1/2 Stange Lauch
1 Knoblauchzehe
1 EL Ume-Paste
1 TL Pfeffer
1/2 TL Paprika
2 Kräuterwürfel
1 Bund Schnittlauch
200 ml Soja-Sahne
3 EL Sesamöl
200 ml Soja-Milch
2 EL Dinkelmehl

Zwiebeln schälen, vierteln und mit dem Knoblauch auf ein Backblech legen, bei 200° C ca. 40 Minuten backen. Öl in einer Pfanne erhitzen, die Zwiebeln hineingeben und das Mehl darunter rühren, mit kalter Milch aufgießen. Bei kleiner Hitze zum Kochen bringen, rühren und dann mixen. Mit Sahne verdünnen und mit Pfeffer, Paprika, Kräuterwürfeln und Ume-Paste abschmecken. Lauch und Schnittlauch sehr fein schneiden und dazu mischen.

HIRSEAUFLAUF

1 Zwiebel
1 Stange Lauch
4 EL Sonnenblumenöl
200 g Hirse
1/2 l biol. Gemüsebrühe
1 rote Paprikaschote
250 g Champignons
1 Bund gehackte Petersilie
1/2 Bund gehackte Zitronenmelisse
Pfeffer
Öl für die Auflaufform
100 g Soja-Sahne
Ume-Paste

Die Zwiebel würfeln, Lauch fein schneiden und in der Hälfte des Öls andünsten. Die Hirse unterrühren und mit der Gemüsebrühe auffüllen, zugedeckt bei schwacher Hitze etwa 1/2 Stunde quellen lassen. Die Paprika und die Pilze waschen, putzen, schneiden und im restlichen Öl etwa 5 Minuten dünsten, dann zur Hirsemischung geben. Mit Pfeffer, Kräutern und Ume-Paste würzen. Eine Auflaufform mit Öl bestreichen und die Masse hinein geben. Die Sahne mit etwas Pfeffer und Ume-Paste würzen und über den Auflauf gießen. Den Auflauf bei 200° C 30-40 Minuten garen.

HIRSE STANDARD

1 Tasse Hirse
3-4 Tassen Wasser (abhängig vom Trockenheitsgrad)
1 geh. TL Meersalz

Die Hirse waschen, mit Wasser und Salz zum Kochen bringen. Kochzeit: 15 Min. (im Schnellkochtopf), 25 Min. im normalen Topf, danach jeweils 15 Min. ausquellen lassen. Achtung: Wie bei allen Getreiden nicht umrühren!!

VARIANTE 1: HIRSE Á LA COUSCOUS

Hier wird Hirse im normalen Topf in Sesam-Öl angeröstet, dann mit kochendem Wasser aufgegossen. Kochzeit wie oben.

VARIANTE 2: HIRSE Á LA KARTOFFELBREI

Hirse Standard
1 kleinen Blumenkohl oder 1-2 Süßkartoffeln
geriebene Muskatnuß
Zwiebeln
Soja-Sahne

Der Blumenkohl wird mit Strunk geviertelt und mit der Hirse in den Topf gegeben. Wie Hirse Standard kochen.Nach dem Kochen umrühren und mit Muskatnuss abschmecken, evtl. pürieren. Mit Soja-Sahne verfeinern und geröstete Zwiebeln dazureichen oder unterheben.

der menschliche körper
ist eine küche
und kocht und kocht und kocht...

POLENTA-BREI

1 Tasse Maisgries
4 Tassen Wasser
Vegetarische Gemüsebrühe ohne Hefe
1 EL Ume-Paste
etwas Muskat

Wasser mit Gemüsebrühwürfel zum Kochen bringen, Maisgreis schnell einrühren, damit er nicht klumpt und unter rühren ausquellen lassen. Je nach gewünschter Konsistenz nochmals mit Wasser aufgießen, evtl. mit Ume-Paste und Muskatnuss abschmecken.

VARIANTE: POLENTA-SCHNITTEN

den Polenta-Brei in einem eckigen Gefäß erkalten lassen, sodass man mit dem Messer einzelne Schnitten herauschneiden kann.

Diese Schnitten in heißem Sesam-Öl anbraten und zu diversen Gerichten wie Gemüse oder Gulasch servieren.

BUCHWEIZEN

Buchweizen
Wasser
Gomasio
Wirsing oder Kohl
Tahin

Buchweizen in Wasser ca. 15 Minuten weich kochen und 20 Minuten ausquellen lassen. Dann mit Gomasio würzen. Dazu Kohl oder Wirsing klein schneiden, in der Pfanne anbraten, mit Sesammuss vermischen und den Buchweizen zufügen.

WASSER / WINTER

FRÜHSTÜCK	Porridge süß oder pikant
	Süße Variante
	Pikante Variante
ZWISCHENMAHLZEIT	Karotten-Fenchel-Salat
	5-Gewürze-Taler
MITTAGESSEN	
Suppe	Rollgerstl- / Graupen-Suppe
Vorspeise	Grapefruitsalat
Hauptspeise	Pastinakenpüree
	Linsenknödel
	Gemüsefonds
Nachspeise	Dattelkonfekt
ABENDESSEN	Süßkartoffelauflauf
	Weißkraut mit geräuchertem Tofu
	Buchweizenschrot
	Buchweizenschrotpaste
	Hülsenfrüchte – richtig gekocht
GETRÄNKE	Benediktendisteltee
	Dufttee

PORRIDGE
SÜSSE VARIANTE

2 Tassen Haferflocken
6 Tassen heißes Wasser
1 EL Zitronensaft
1 EL Mohn
3 EL Sonnenblumenkerne
3 EL Mandeln gehackt
3 EL Rosinen
1 Prise Bourbonvanille
1 Prise unraffiniertes Meersalz
3 Tassen Äpfel fein geraspelt

Die Haferflocken ohne Fett rösten, mit heißem Wasser aufgießen und Zitronensaft, Mohn, Sonnenblumenkerne, Mandeln und Rosinen dazugeben. Aufkochen und ca. 40 Minuten auf kleiner Flamme köcheln lassen. Mit Bourbonvanille und Meersalz abschmecken, die Äpfel unterrühren und noch etwas nachquellen lassen.

Nicht bei Hitze oder Schlafstörungen essen!

TIPP: Soll das Porridge fester werden, lässt man die Flüssigkeit noch etwas einköcheln. Soll das Porridge flüssiger werden, verdünnt man es mit Wasser, Apfelsaft, Birnensaft oder Quittensaft.

PORRIDGE
PIKANTE VARIANTE

1 EL Sesamöl
1 Stange Lauch fein geschnitten
1 Suppengrün klein geschnitten
1 Tasse Haferflocken
1 TL Hiziki-Algen
6 Tassen heißes Wasser
1 EL Zitronensaft
2 EL roter Pfeffer frisch gemahlen
3 Karotten würfelig geschnitten
2 EL Maggikraut / Liebstöckel zerkleinert
1 Prise unraffiniertes Meersalz
1/2 Bund Petersilie grob gehackt
1/2 TL Curcuma
1/2 TL Butter
1 EL Walnüsse gehackt
1/2 TL Koriander frisch gemahlen
Tamari nach Geschmack

Das Öl erwärmen, Lauch, Suppengrün, Haferflocken und Hiziki-Algen darin anbraten und mit heißem Wasser aufgießen. Mit Zitronensaft und Rosenpfeffer würzen, die Karotten und das Maggikraut dazugeben und ca. 30 Minuten köcheln lassen (je länger es köchelt, umso sämiger werden die Haferflocken). Salzen, Petersilie und Curcuma unterrühren (macht eine schöne Farbe) und mit Butter und / oder Walnüssen verfeinern. Mit Koriander und Tamari abschmecken.

TIPP: Reste kann man mit frischer Petersilie, einem zerkleinerten Salbeiblatt und fein geschnittenem Chinakohl aufwärmen. Mit Pfeffer und Meersalz

jeden morgen werden wir neu geboren.
auf unser heutiges tun kommt
es am meisten an.

5-GEWÜRZE-TALER

3 1/2 Tassen kaltes Wasser

2 1/2 Tassen Vollkornweizenmehl

1 Tasse Vollkornroggenmehl

6-10 EL Olivenöl

1 EL Anis frisch gemahlen / gemörsert

1 EL Fenchel frisch gemahlen / gemörsert

1 EL Koriander frisch gemahlen / gemörsert

1 TL unraffiniertes Meersalz

1 Prise Weinsteinpulver

1-2 EL schwarzer Sesam frisch gemahlen / gemörsert

Wasser und Mehl vermischen, das Olivenöl und die Gewürze, Meersalz und Weinsteinpulver in den Teig einarbeiten. Gut kneten und kleine flache Taler formen. Auf ein mit Backpapier ausgelegtes Backblech legen und mit Sesam bestreuen.
Bei 180 Grad ca. 30-40 Minuten lang im Rohr backen.

TIPP: Als Brotersatz oder Snack zwischendurch geeignet. Eventuell mit Humus oder Biomarmelade bestreichen.

KAROTTEN-FENCHEL-SALAT

4 mittlere Karotten geschält
1 größere Fenchelknolle
in mundgereichte Streifen geschnitten
1–2 EL Walnüsse grob gehackt
2–3 EL Korinthen
1/2 l kochendes Wasser

Für die Marinade:
1 Prise Pfeffer frisch gemahlen
1 Prise Koriander frisch gemahlen
Unraffiniertes Meersalz nach Geschmack
2 EL Zitronensaft
1 TL Bio-Zitronenschale frisch gerieben
1 Prise Paprikapulver
Flüssigkeit vom Blanchiersud,
Menge nach Geschmack
4 EL Walnussöl
unraffiniertes Meersalz nach Geschmack
2–3 EL Balsamico-Essig
1 Spritzer Tamari

Karotten, Fenchel, Walnüsse und Korinthen ca. 5 Minuten in kochendem Wasser blanchieren und anschießend abseihen. (Kochwasser für die Marinade aufheben!)

Marinade:
Alle Zutaten für die Marinade der Reihe nach in ein gut verschließbares Schraubglas geben und durchschütteln. Die fertige Marinade über das noch warme Gemüse leeren und vermengen.

TIPP: 30 Minuten ziehen lassen. Entfaltet dadurch noch besser sein Aroma.

GRAPEFRUITSALAT

2 Grapefruits geschält,
in Würfel geschnitten
2 Chicoree gewaschen, abgetropft,
in mundgerechte Stücke geschnitten
1/2 l heißes Wasser

für die Marinade:
1 EL Fenchelsamen
2 EL Walnussöl
1 TL Honig
1 Prise Pfeffer frisch gemahlen
unraffiniertes Meersalz nach Geschmack
Grapefruitblanchierwasser nach Bedarf
1 Prise Paprikapulver
1–2 EL Walnüsse

Die Grapefruits schälen und in mundgerechte Stücke schneiden, kurz blanchieren und abseihen. Die Flüssigkeit aufbewahren und für die Marinade verwenden.

Chicoree der Länge nach halbieren, fingerdick schneiden und mit den blanchierten Grapefruitstücken vermischen.
Für die Marinade die Fenchelsamen ohne Fett in der heißen Pfanne anrösten und anschließend mahlen oder mörsern. Mit dem Walnussöl, Honig, Pfeffer, Meersalz, Grapefruitblanchierwasser, Paprikapulver und zerkleinerten, eventuell vorher gerösteten Walnüssen emulgieren.

Die Grapefruit- und Chicoreestücke mit der Marinade übergießen, ca. 1/2 Stunde ziehen lassen.

freude und offensein kommen von unserem eigenen zufriedenen herzen

ROLLGERSTL- / GRAUPEN-SUPPE

2 EL Rapsöl
1 Stange Lauch in Ringe geschnitten
1 Bund Suppengrün würfelig geschnitten
5–7 EL Rollgerste / Graupen
1/2 TL geriebene Ingwerwurzel
1–2 Lorbeerblätter
2–4 Kapseln Kardamom frisch gemahlen
1 TL Hiziki-Algen
1 Spritzer Zitronensaft
1–2 TL Bockshornkleesamen frisch gemahlen / gemörsert
1 l heißes Wasser
1 Bund Petersilie gehackt
1 Zweig frischer Thymian
1 TL Butter
1/2 TL Pfeffer frisch gemahlen
4 EL Tamari

Das Rapsöl erwärmen, Suppengrün und Lauch darin anbraten.
Rollgerste / Graupen und Ingwer hinzufügen und kurz weiter braten.
Lorbeer, Kardamom, Algen, Zitronensaft und Bockshornkleesamen hinzufügen und mit dem heißen Wasser aufgießen.
Bei kleiner Flamme köcheln bis die Gerste weich ist. Mit Petersilie, Thymian, Butter, Pfeffer und Tamari abschmecken.

TIPP: Ist der Hunger groß oder gibt es kein Hauptgericht, nimmt man die doppelte Menge Rollgerste / Graupen und fünf Stück würfelig geschnittene Karotten sowie einen halben zerkleinerten Krautkopf dazu.

LINSENKNÖDEL

2 Tassen rote Linsen
5 Tassen kaltes Wasser
1 TL Hiziki-Algen
1 Tasse Bulgur
2 EL Sesamöl
1/2 TL Curcuma
1-2 Karotten
klein würfelig geschnitten
1 Zwiebel geschnitten
1 Scheibe Ingwerwurzel
fein gerieben
1/2 TL Kreuzkümmel
frisch gemahlen / gemörsert
1/2 TL Koriander
frisch gemahlen / gemörsert
1-2 Knoblauchzehen
fein zerdrückt
1/2 TL Chilipulver
unraffiniertes Meersalz nach Geschmack
1-2 EL Sojamehl
1 EL Zitronensaft
1/2 TL Nelkenpulver
1 Prise Pfeffer
frisch gemahlen / gemörsert
1 Bund Petersilie gehackt

Die roten Linsen gut waschen, bis sie nicht mehr schäumen. Mit dem Wasser zustellen und aufkochen lassen. Den Schaum abschöpfen. Algen und Bulgur hinzufügen und ca. 15 Minuten kochen. In einer Pfanne das Öl erwärmen, darin Curcuma, Karotten, Zwiebel, Ingwer, Kreuzkümmel, Koriander, Knoblauch, Chilipulver und Meersalz kurz anbraten. Sojamehl, Zitronensaft, Nelkenpulver, Pfeffer sowie die Linsen-Bulgur-Masse hinzufügen und gut durchkneten. Knödel formen und in leicht wallendem Salzwasser oder in einer Gemüsesuppe kurz ziehen lassen. Abgetropft auf dem Pastinakenpüree mit Petersilie bestreut servieren.

TIPP: Der Gemüsesud ist ein vitamin- und mineralstoffreiches Nachmittagsgetränk.

PASTINAKENPÜREE

1 EL Rapsöl

1 EL Kümmel

3 Kardamomkapseln mit Schale zerquetscht

unraffiniertes Meersalz nach Geschmack

1 Spritzer Zitronensaft

1 Prise Rosenpaprika

1 EL Bockshornkleesamen

5 Wacholderbeeren im Ganzen

4 Pastinaken würfelig geschnitten

1/2 l heißes Wasser

1–2 Karotten

4 EL Kürbiskerne geröstet

Pfeffer frisch gemahlen

1 Prise Muskatnuss frisch gerieben

1 EL Kren / Meerrettich pro Person, frisch gerieben

Das Öl erwärmen, Kümmel, Kardamom, Meersalz, Zitronensaft, Rosenpaprika sowie die Bockshornkleesamen und Wacholderbeeren anrösten bis sich der Duft entfaltet. Die Pastinaken in den Topf geben, mit Wasser aufgießen, Karotten hinzufügen und weich kochen. Anschließend alles pürieren, die Kürbiskerne unterheben, mit Pfeffer, Muskatnuss und individuell mit Kren / Meerrettich und Meersalz abschmecken.

Genuss ohne Reue · SEITE 206

WINTER – WURZELGEMÜSE

1 große Zwiebel
2 große Karotten
1 Petersilienwurzel
Sämtliches Gemüse
in Würfel schneiden!
1 Pastinake
1 Steckrübe
2 Süßkartoffel
2-3 Tobinambur
evt. etwas Kürbis
Petersilie fein geschnitten

Diese Gemüse können beliebig variiert werden.

Zum Abschmecken:
Kräuter-Brühwürfel
Brühe zum Aufgießen
(Je nach Gemüsemenge 1/2-1 Liter)
Ume-Paste
Sojasahne
evtl. Shoyu

Reichlich Öl in eine heiße Pfanne geben und die Zwiebel einige Minuten goldgelb anbraten.
Karotten, Petersilienwurzel, Pastinake zugeben und 2-3 Minuten unter Rühren dünsten.
Steckrübe, Süßkartoffel, Tobinambur und Kürbis zugeben und auch einige Minuten unter Rühren mitdünsten.
Brühe (Menge nach Belieben) zugießen, Ume-Paste zugeben, umrühren und Deckel drauf.
Bei kleinster Hitzezufuhr einige Minuten „köcheln" lassen, bis das Gemüse fertig ist, es soll noch ein wenig „Biß" haben. Zum Abschluß Sojasahne zugeben und evtl.mit Shoyu abschmecken. Fein geschnittene Petersilie untermischen.

Als Beilage: Reis oder Hirse.

Ober probieren Sie mal:
Gekochter Buchweizen mit etwas Gomasio (Sesam-Salz-Mischung) bestreut.

DATTELKONFEKT

3 Tassen getrocknete Datteln
4 Tassen warmes Wasser
2 EL Mandelmus
1/2 TL Bourbonvanillepulver
1/2 TL Zimtpulver
1/2 TL Sternanis frisch gemahlen
1 Messerspitze Ingwerwurzel
fein gerieben
1 Prise unraffiniertes Meersalz
1 EL Zitronensaft
2 EL Cognac
1 TL Kakaopulver
Kokosflocken zum Wälzen

Die Datteln ca. 1 Stunde lang im Wasser einweichen, entkernen und zu Mus hacken. Die Dattelmasse mit Mandelmus, Bourbonvanille, Zimt, Sternanis und Ingwer sowie dem Meersalz, Zitronensaft, Cognac und Kakao vermengen und gut durchkneten. Mit befeuchteten Händen kleine Kugeln formen und in Kokosflocken wälzen.

SÜSSKARTOFFELAUFLAUF

1–2 EL Sesamöl
2 Süßkartoffel geschält und in
1/2 cm dicke Scheiben geschnitten
2 Kohlrabi geschält und
in 1/2 cm dicke Scheiben geschnitten,
die Blätter klein gehackt
2 Äpfel geschält und in
1/2 cm dicke Scheiben geschnitten
2 Lorbeerblätter
1/2 TL Kümmel
frisch gemahlen / gemörsert
1/2 TL Majoran frisch gerieben
unraffiniertes Meersalz nach Geschmack
1 EL Zitronensaft
1 EL Ysop frisch gemahlen
2 Tassen Gemüsefonds
2–4 Walnüsse grob zerkleinert
1 Prise Muskatnuss frisch gemahlen
1–2 EL kaltes Wasser

Backblech oder feuerfeste Form mit dem Fett ausstreichen, die Süßkartoffeln, Kohlrabi und Äpfel hineinschichten und mit der Mischung aus Lorbeer, Kümmel, Majoran, Meersalz, Zitronensaft, Ysop und Gemüsefonds übergießen. Mit den Walnüssen bestreuen, Muskat darüber reiben, etwas Wasser nach Bedarf hinzufügen und ca. 30–45 Minuten im Rohr bei 180 Grad backen.

WEISSKRAUT MIT TOFU

1/2 TL Ingwer frisch gerieben
1/2 Stange Lauch halbiert und in Streifen geschnitten
1 kleiner Weißkrautkopf geviertelt und in Streifen geschnitten
1 Packung Räucher-Tofu mit der Gabel zerdrückt
1–2 EL Zimtpulver
unpasteurisiertes Meersalz nach Geschmack
1–2 EL Zitronensaft
1 EL Wacholderbeeren zerdrückt
1 Messerspitze Paprikapulver
2–4 heißes Wasser nach Bedarf
1 Prise brauner Zucker
1 Messerspitze Chili
1 EL Tamari pro Person
oder unpasteurisiertes Meersalz nach Geschmack

In einer Pfanne Öl erwärmen, Lauch, Ingwer, Weißkraut und Tofu der Reihe nach in die Pfanne geben und anbraten. Mit Zimtpulver, Meersalz, Zitronensaft, Wacholderbeeren und Paprikapulver würzen. Wenn nötig mit etwas heißem Wasser aufgießen, mit Zucker und Chili abrunden und bissfest köcheln. Bei Bedarf mit Tamari oder Salz abschmecken.

TIPP: In einem Wok kann man gut die gebratenen Zutaten an den Rand schieben und die neuen Zutaten jeweils in die Mitte geben, wo der Wok am heißesten ist.

BUCHWEIZENSCHROT

1 Tasse Buchweizenschrot
1–2 Karotten
klein würfelig geschnitten
1 Schalotte
klein würfelig geschnitten
1/2 TL Szechuanpfeffer
frisch gemahlen / gemörsert
1 Prise unraffiniertes Meersalz
1 Spritzer Zitronensaft
2 –3 Tassen heißes Wasser
(die Menge richtet sich danach,
wie fest der Buchweizenschrot sein soll)

Buchweizenschrot in einer Pfanne ohne Fett anrösten. Die Karotten und die Schalotte dazugeben, mit Szechuanpfeffer, Meersalz und Zitronensaft würzen. Mit heißem Wasser aufgießen, aufkochen lassen und noch 10 Minuten zugedeckt nachquellen lassen.

TIPP: Bleibt gekochter Buchweizen übrig, lässt sich schnell daraus eine Zwischenmahlzeit wie z.B. Buchweizenschrotpaste herstellen.

BUCHWEIZENSCHROTPASTE

gekochter Buchweizenschrot
1/2 Menge Butter (Zimmertemperatur)
Majoran frisch gerieben
Muskatnuss frisch gerieben
Kren / Meerrettich frisch gerieben
Knoblauch frisch zerdrückt
unraffiniertes Meersalz nach Geschmack

Die Menge der Gewürze richtet sich einerseits nach der Menge des Buchweizen-Buttergemisches, andererseits nach den individuellen Geschmacksvorlieben.

Gekochten Buchweizenschrot mit Butter vermengen, mit Majoran, Muskat, Kren / Meerrettich und Knoblauch abschmecken und salzen.

TIPP: Die Paste kann auch mit Rosmarin, Thymian, Salbei etc. gewürzt werden, je nach Geschmack.

Der Kreativität sind keine Grenzen gesetzt!

GEMÜSEFONDS

1 EL Rapsöl
1 Zwiebel grob geschnitten
3–5 Karotten
in ca. 4 cm große Stücke geschnitten
3–5 Petersilienwurzeln
in ca. 4 cm große Stücke geschnitten
3–5 gelbe Rüben
in ca. 4 cm große Stücke geschnitten
1/2 Sellerieknolle
in 4 cm große Stücke geschnitten
1 Stange Lauch
ca. 4 cm große Stücke geschnitten
1 daumengroßes Stück
frische Ingwerwurzel
1 EL Hiziki-Algen
3 l kaltes Wasser
1 Spritzer Zitronensaft
1 kleine Chilischote entkernt
1 EL Bockshornkleesamen
1 EL Wacholderbeeren zerdrückt
1 EL Thymian
1 Süßkartoffel im Ganzen
3 EL Maggikraut
4 Lorbeerblätter
6 Pfefferkörner
1 EL unraffiniertes Meersalz

Das Rapsöl erwärmen, die Zwiebel mit der Schale (gibt der Suppe eine schöne Farbe), Karotten, Petersilienwurzeln, Rüben, Sellerie und Lauch darin anbraten. Den Ingwer und die Algen dazugeben und mit Wasser aufgießen. Zitronensaft, Chilischote, Bockshornkleesamen, Wacholderbeeren, Thymian sowie die Süßkartoffel, Maggikraut, Lorbeer, Pfefferkörner und Meersalz in den Topf dazugeben und aufkochen lassen. Ca. 1–2 Stunden auf kleiner Flamme zugedeckt kochen.

TIPP: Kochend heiß abseihen und bis zum Rand in heiß ausgewaschene Einsiedegläser oder Flaschen mit dichtem Schraubverschluss füllen. Umgedreht auskühlen lassen (erzeugt ein Vakuum, das konserviert). Auf diese Weise hält der Suppenfonds gekühlt mindestens 14 Tage. Fertigen Gemüsefonds kann man zur Verfeinerung von Gemüse, Hülsenfrüchten oder Getreide verwenden.

BENEDIKTEN-DISTELTEE

1 TL Benediktendistel getrocknet (Apotheke)

mit 1/2 l heißem, nicht kochendem Wasser übergießen und zugedeckt ca. 10 Minuten ziehen lassen.

DUFTTEE

1 TL von einer Mischung aus zu gleichen Teilen gemahlenem oder gemörsertem
Koriander
Sternanis
Zimt
und
Bourbonvanille

mit 1/2 l heißem, nicht kochendem Wasser übergießen und zugedeckt ca. 10 Minuten ziehen lassen.

Wärmt und macht gute Laune.

HIZIKI-ALGEN-SALAT (100 G = 1 PACKUNG)

Kurz unter kaltem Wasser abspülen und in einem Topf mit kaltem Wasser bedeckt auf den Herd stellen.
Bei offenem Deckel (um den Geruch zu verflüchtigen) und mittlerer Flamme kochen, bis das Wasser fast verkocht ist.

In eine Schüssel geben und mit etwas Shoyu, Mirin, Ume-Su, Genmai Su und einem Schuß Apfeldicksaft abschmecken. Als Bereicherung zu jedem 5-Elemente-Menü.

HÜLSENFRÜCHTE – RICHTIG GEKOCHT

1 Tasse Hülsenfrüchte (Kichererbsen, Wachtelbohnen, Käferbohnen, Adzukibohnen, weiße Bohnen, schwarze Bohnen etc.)
2 Tassen kaltes Wasser
1–2 TL Bohnenkraut und / oder Thymian, Salbei, Wacholder, Bockshornkleesamen
1 Karotte halbiert
1 daumengroßes Stück frische Ingwerwurzel im Ganzen
1 Spritzer Zitronensaft
2–3 Lorbeerblätter
3–6 Kardamomkapseln
1–2 TL Koriandersamen
1–2 Streifen Wakame-Alge
zum Abschmecken individuell pro Person:
1–2 EL Tamari und / oder 1–2 EL Essig (Umeboshi-Essig, Hatomugi-Su, unpasteurisierten Essig)

Hülsenfrüchte waschen, mit kaltem Wasser gut bedeckt einweichen, das Wasser alle 12 Stunden wechseln und davor die Hülsenfrüchte wieder gut waschen. Hülsenfrüchte mindestens 8 Stunden lang einweichen. Sie können bis zu 3 Tage eingeweicht werden, da ist aber zu beachten, dass sie alle acht Stunden gespült werden und das Wasser gewechselt wird. Eine andere Möglichkeit ist, sie nach einem Tag Einweichen zum Sprossen zu bringen. Dabei ist es wichtig, die Hülsenfrüchte ca. alle 12 Stunden kurz abzuschwemmen.
Die eingeweichten Hülsenfrüchte mit der doppelten Menge Wasser kochen – abschöpfen bis kein Schaum mehr auf dem Wasser schwimmt – dann Zitronensaft, Bohnenkraut, Salbei, Bockshornkleesamen, Karotte, Ingwer, Lorbeerblätter, Kardamom, Koriander und die Algenstreifen hinzufügen. Im offenen Topf kochen, bis die Bohnen, Kichererbsen oder Linsen die gewünschte Konsistenz haben. Nach dem Anrichten mit Tamari und Essig abschmecken.

TIPP: Hülsenfrüchte halten sich 4–5 Tage vorgekocht im Eiskasten und finden vor allem für eine schnell zubereitete Mahlzeit vielseitige Verwendung. Mit gekochten Bohnen, Linsen oder Kichererbsen sind vielseitige Mahlzeiten möglich: Kombinationen mit Reis und Gemüse, Suppeneinlagen, als Püree mit Kren / Meerrettich etc.

TOMATENSUPPE

5 Tomaten
2 Knoblauchzehen
3 EL Sesamöl
200 ml Soja-Milch
200 ml Soja-Sahne
2 EL Dinkelmehl
1 TL Ingwerpulver
oder Ingwer frisch gerieben
2 TL Pfeffer
1/2 TL Paprikagewürz

Tomaten halbieren, entkernen und mit den ganzen Knoblauchzehen auf das Backblech legen und bei 200° C ca. 30 Minuten backen.
Entfernen Sie die Haut der Tomaten und mixen Sie die Tomaten mit dem Knoblauch. Das Öl erhitzen und Dinkelmehl und Paprikapulver einstreuen. Unter Rühren goldgelb anschwitzen und mit der Milch aufgießen. Kräftig rühren, damit sich die Klümpchen lösen.
Dann die pürierten Tomaten und die Soja-Sahne dazu geben und wieder mixen.

Zum Schluss mit Pfeffer, Ingwer und Ume-Paste würzen.

ADZUKIBOHNEN

500 g Adzukibohnen
Olivenöl
2 EL Ume-Paste
2 l Wasser
2 Lorbeerblätter
8 Wacholderbeeren
Bohnenkraut
Kurkuma
Koriander
4 mittelgroße Karottenklein gewürfelt
2 Petersilienwurzeln klein gewürfelt
2 Knoblauchzehen
4 mittelgroße Zwiebeln kleingewürfelt
2-3 EL Shoyu
1 EL Mirin

Das Gemüse mit den Kräutern in einem Schnellkochtopf bei geöffnetem Deckel zum Kochen bringen.
Dann Deckel schließen und ca. 40 Minuten kochen lasen.
Abkühlen lassen, Deckel öffnen, 5 % der Gesamtmasse Olivenöl und die2 Esslöffel Ume-Paste dazu geben.
Mit Shoyu und Mirin würzen.

GRÜNE BOHNEN MIT PAPRIKASAUCE

1 kg Grüne Bohnen
4 EL Öl
200 ml Soja-Sahne
1 Zwiebel
1 EL Dinkelmehl
2 EL Ume-Paste
ca. 250 ml Gemüse-Brühe
Paprikapulver
klein geschnittener Ingwer
nach Geschmack
Pfeffer
1 grüne Paprikaschote

Die klein geschnittenen Zwiebeln im Öl dünsten. Paprikapulver, die in 2 cm lang geschnittenen Bohnen und die in Streifen geschnittene Paprika dazugeben. Mit Ume-Paste, Ingwer, Pfeffer würzen und mit wenig Brühe aufgießen.
Bei kleiner Hitze abgedeckt kochen lassen, bis die Bohnen weich sind. Soja-Sahne und Dinkelmehl gut mischen und damit die Flüssigkeit in der Pfanne andicken.

KAROTTENEINTOPF

2 Tassen klein
geschnittene Karotten
3 EL Sesamöl
2 EL Dinkelmehl
200 ml Soja-Milch
200 ml Soja-Sahne
1 EL Reissirup
1 EL Ume-Paste

Öl erhitzen, Karotten dazugeben und bei kleiner Hitze bei geschlossenem Deckel dünsten. Dann das Mehl einrühren und mit kalter Soja-Milch aufgießen, bei kleiner Hitze unter Rühren aufkochen und mit Ume-Paste abschmecken.

LINSEN-EINTOPF

2 Liter Wasser
500 g rote Linsen
1 Tasse Zwiebeln
Öl
150 g Seitan-Wurst
1 Tasse Pastinaken
1 Tasse Sellerie
1 Tasse Lauch mit Grün
1 Tasse Karotten
1–2 Knollen Ingwer
1 Tasse Petersilienwurzeln
1 EL Ume-Paste
Petersilie oder frischer Koriander
Shoyu
Soja-Sahne oder Soja-Joghurt

Linsen mit Gemüse ca. 1/2 Stunde in Wasser kochen, immer wieder mit Wasser aufgießen, damit es nicht zu dick wird.
In der Zwischenzeit Zwiebeln und Seitanwurst goldgelb in heißem Sesamöl anbraten und zur Suppe dazu geben. Lauch hinzufügen und weitere 10 Min. köcheln lassen.
Nach dem Kochvorgang mit geriebenem Ingwer, Shoyu, Ume-Paste, Soja-Sahne abschmecken und mit Petersilie oder Koriander garnieren.

Mit 1 Tasse Öl (ca. 5 % der Gesamtmenge) verfeinern.

LINSEN-CREME-SUPPE

500 g Braune Linsen
1 kl. Sellerieknolle
5 große Karotten
1 Stange Lauch
2 Lorbeerblätter
8 Wacholderbeeren
1 EL Kurkuma
Ingwer
Ume-Paste
Genmai Su
Tamari
Maiskeimöl
Soja-Joghurt

Linsen in Wasser einweichen, mit kleingeschnittenem Gemüse, Lorbeerblättern und Wacholder zum Kochen bringen. Mit frisch geriebenem Ingwer abschmecken; Ume-Paste, Genmai Su, Tamari in ein Schraubglas geben und gut schütteln. Öl (5 % der Gesamtmenge) hinzufügen. Anschließend pürieren und mit Soja-Joghurt verfeinern.

LINSENSUPPE MIT ODER OHNE SEITAN-WURST

EIN KRÄFTIGES ESSEN FÜR PARTYGÄSTE (ca. 8 PERSONEN)

500 g Beluga-Linsen
2 Lorbeerblätter
8 Wacholderbeeren
in ca. 1,5 l Wasser ohne Salz geben.

25 Minuten zugedeckt leicht köcheln lassen. Rote Linsen schmecken auch lecker. Sie brauchen nur ein paar Minuten gekocht werden, bevor das Gemüse zugegeben wird.

Dann folgendes Gemüse
zu den Linsen geben:
5 Karotten gewürfelt
1 mittlere Sellerieknolle gewürfelt
2 Pastinaken gewürfelt; 15–20 Minuten „mitköcheln".
Evt. etwas Brühe aus Kräuter-Brühwürfel zugießen.

In der Zwischenzeit:
3 Zwiebel gehackt
4 Knoblauchzehen fein gehackt
50 g Ingwer fein gehackt

Alles goldgelb anbraten und in die Linsensuppe rühren. 1 Stange Lauch halbiert und mittelgrob geschnitten, nach Belieben grüne Bohnen und / oder Erbsenschoten in Stückchen geschnitten ebenfalls in die Suppe rühren. Alles noch einmal 10 Minuten köcheln lassen.
Jetzt die Suppe wie folgt fertigstellen:
50–70 g Öl
60–80 g Ume-Paste
50 ml Shoyu
60 ml Genmai Su
30 ml Mirin

Geriebenen Ingwer nach Geschmack
1/2 bis 1 Päckchen Soja-Sahne
200 ml Sojajoghurt natur zur Suppe rühren. Das Ganze noch einmal abschmecken. Eine beliebige Menge Seitanwurst in kleine Stückchen schneiden (evt. kurz in der Pfanne anbraten) und zur Suppe geben.
Tipp:Sie bestimmen selbst, ob Sie eine Suppe servieren möchten (Brühe aus Kräuterwürfel zum „Verdünnen" nehmen) oder ob es ein kräftiger, dicker Eintopf sein soll! Mit Reis servieren. Lecker schmeckt's auch mit frischen Weißbrotscheiben.

KOHLROULADEN

100 g Naturreis
2 TL gekörnte Gemüsebrühe
1,5 l Wasser
1 großer Weißkohlkopf (mind. 1,5 kg)
50 g Öl
2 Zwiebeln
60 g gekörntes Sojamark (Sojagranulat)
1 TL Pilzpulver
1 TL Majoran und Basilikum
1 TL Knoblauchsalz
3 EL Tomatenmark
5 EL Soja-Sahne
schwarzer Pfeffer
Kräutersalz

SAUCE

1 EL frisch gemahlenes Grünkernmehl
1 TL Vollsojamehl
feingehackte Petersilie

Den Reis mit 1/2 l Wasser und der gekörnten Brühe einmal aufkochen, dann zugedeckt mind. 3 Stunden stehen und quellen lassen. Den vorgequollenen Reis in etwa 20 Min. gar kochen. In einem großen Topf 1,5 l Wasser zum Kochen bringen. Den Weißkohl rings um den Strunk einschneiden.

Den Kohlkopf in das kochende Wasser tauchen (blanchieren), dabei drehen, mit einem Schaumlöffel immer wieder herausnehmen und die blanchierten Blätter nach und nach ablösen. Von den blanchieren Blättern die Rippen flach schneiden. In einer Pfanne 40 g Öl erhitzen. Die Zwiebeln schälen, würfeln und mit dem Sojamark im Öl braten, bis die Zwiebeln goldbraun sind. Das Gebratene unter den gegarten Reis (mit dem Kochwasser) mischen. Alle Gewürze und das Tomatenmark hinzufügen. Die Masse mit der Soja-Sahne gründlich verrühren und die Füllung evtl. mit Kräutersalz abschmecken. Je 3 Kohlblätter übereinander legen und die Füllung darauf verteilen. Die Blätter seitlich einschlagen und zusammenrollen. Die gerollten Rouladen mit Garn zusammenbinden. Das restliche Öl in der Pfanne erhitzen und die Rouladen von allen Seiten darin anbraten, dann eine Tasse Blanchierwasser hinzufügen. Die Kohlrouladen in 15–20 Minuten gar dünsten. Das Grünkern- und Sojamehl mit etwas Wasser anrühren und die Sauce damit binden. Das Gericht mit feingehackter Petersilie anrichten.

ERBSENPÜREE

250 g Erbsen
2 1/2 Zwiebeln
1 Knoblauchzehe
4 + 2 EL Maiskeimöl
2 EL Dinkelmehl
200 ml Soja-Sahne
2 Kräuterwürfel
3 TL Ume–Paste
1/2 EL Genmai Su
2–3 Lorbeerblätter

Die Erbsen bitte zunächst 2 Stunden in einem Topf einweichen.
Dann in einem Dampftopf mit den Lorbeerblättern weich kochen.
(Bei Stufe 2 ca. 60 Minuten)
4 EL Maiskeimöl erhitzen, die halbe kleingeschnittene Zwiebel und die gehackte Knoblauchzehe dazugeben.
Streuen Sie jetzt das Dinkelmehl ein und schwitzen Sie es unter rühren an, bis es goldgelb wird, dann mit Soja-Sahne aufgießen, gut rühren, bis sich alle Klümpchen gelöst haben.
Jetzt können Sie die Erbsen dazugeben.
Alles gut umrühren und dann mit dem Handmixer pürieren. Geben Sie jetzt die 2 Kräuterwürfel dazu und lassen Sie alles bei kleiner Hitze kurz aufkochen.
In einer extra Pfanne werden jetzt 2 EL Maiskeimöl erhitzt und die restlichen 2 Zwiebeln – in Ringe geschnitten - im Öl braun gedünstet.
Würzen Sie das fertige Erbsenpüree mit Ume-Paste und Genmai Su und garnieren Sie es mit den braunen Zwiebelringen.
Variieren Sie dieses Rezept mit Adzuki-Bohnen statt Erbsen, erhalten Sie ein köstliches Bohnenpüree.

TOFU-KRÄUTER-CREME

BROT-AUFSTRICH

500 g Tofu-Natur
1 TL Ume-Paste
3 EL Shoyu
Curry nach Belieben
1/4-1/2 Tasse Oliven-Öl
1/2 Tasse Frühlingszwiebel-Ringe
1/2 Tasse Schnittlauch
1/2 TL Korianderpulver
Kurkuma
1 EL Tzaziki-Gewürz
2 EL Pesto
evtl. 1 Brühwürfel

Den zerbröselten Tofu ca. 5 Min. im Einsatzsieb eines Topfes dämpfen. Alle Zutaten pürieren und die Kräuter vorsichtig darunter heben.

Der Brotaufstrich hält sich im Kühlschrank bis zu einer Woche.

VARIANTE 1
MIT FERTIG GEWÜRZTEM TOFU

500 g Tofu Kräuter de Provence
1 TL Ume-Paste
3 EL Shoyu
1 Zwiebel
1/2 Bund Lauchzwiebeln
Tzazikigewürz
Curry nach Belieben
1/4-1/2 Tasse Oliven-Öl

Den zerbröselten Tofu ca. 5 Min. im Einsatzsieb eines Topfes dämpfen. Tofu in eine Schüssel geben, mit Ume-Paste, Curry, Oliven-Öl und Shoyu pürieren. Die geschnittenen Lauchzwiebelringe und die feingehackte Zwiebel darunter mischen, mit Tzazikigewürz abschmecken.

VARIANTE 2
KNOBLAUCHCREME

Zutaten Brotaufstrich Standard
mind. 2 Knoblauchzehen

Den Knoblauch pressen und unter die Menge geben.

VARIANTE 3
PAPRIKA-CREME

Zutaten Brotaufstrich Standard
Paprika-Gewürz
1 rote kleingehackte Paprika-Schote
1/2 Becher Soja-Joghurt

Wie Brotaufstrich Standard Joghurt und Paprika (in Pulver und Stücken) ergänzen.

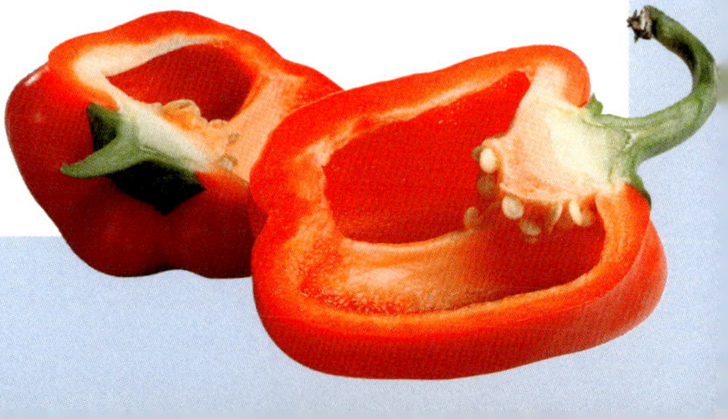

WIENER GULASCH

1 kg Zwiebeln klein geschnitten
5 Zehen Knoblauch
1 kg Seitan in Würfeln geschnitten
Sesamöl
1 EL Rosenpaprika
Soja-Sahne
Shoyu

Die Zwiebeln, Öl und Knoblauch zusammen in eine Pfanne mit heißem Öl geben, richtig einschmoren lassen, Seitan dazugeben, kräftig mit gemahlenem Rosenpaprika würzen, mit Soja-Sahne und Shoyu abschmecken.

Genießen mit Weißbrot und einem kräftigen Rotwein.

SEITAN-GULASCH SZEGEDINER ART

FÜR 4-6 PERSONEN

7 EL Rapskernöl
500 g Zwiebeln geachtelt
1/2 EL Paprikapulver rosenscharf
5 gestrichene EL Paprikapulver edelsüß
1/8 l Wasser
500 g Seitan gewürfelt
1 TL Kümmel ganz
1/2 l Kräuterbrühe aus 1 Brühwürfel
300-400g rote Paprika in ca. 1/2 cm breite Streifen
5 Knoblauchzehen fein gehackt
500 g Sauerkraut (mehrmals durchschneiden)
250 ml Soja-Sahne
3 EL Mirin
3 EL Genmai Su
2-3 EL Apfeldicksaft
3 EL Shoyu

Öl in heiße Pfanne geben und Zwiebel schmoren. Paprikapulver zugeben und verrühren. 1/8 l Wasser zugeben und unter Rühren einkochen lassen. Seitan und Kümmel zugeben, mit Kräuterbrühe aufgießen, zudecken und ca. 5 Minuten schmoren lassen. Paprikastreifen, Knoblauch und Sauerkraut in die Pfanne geben und zugedeckt bei kleiner Hitze ca. 20 Minuten schmoren lassen. Mit Sojasahne, Mirin, Genmai Su und Shoyu abschmecken. Zum Schluss Apfeldicksaft zugeben, verrühren und nochmals alles abschmecken.

Genuss ohne Reue – SEITE 222

Welches Gewürz zu welcher Speise?

BOHNENKRAUT	Eintopf, Pilze, Salat, Bratkartoffeln, Rosenkohl, Sauerkraut
BOURBON-VANILLE	Süßspeisen
CURRY, MILD	Reisgerichte
DILLSPITZEN	Salate, Gurken, Fisch, Saucen
ESTRAGON	Lachs, französische Salatsaucen
INGWER	Gemüse, Obstspeisen, Chutneys
INGWER GEMAHLEN	Gebäck, Gemüse, Reis
KURKUMA (GELBWURZ)	Bohnen-, Linsen- und Reisgerichte, auch zum Backen geeignet
KARDAMOM	Reis, Chutneys, Obstspeisen, Gebäck
KARDAMOM GESCHÄLT	Reis, Süßspeisen
LORBEERBLÄTTER	Sauerkraut, Rote Beete, Fisch, Gemüse, Marinaden
OREGANO	Nudeln, Tomaten, Pizza, Grünkern
PFEFFER, ROSA	Ganze Körner zu Gemüse, Salat, Saucen
TZAZIKI-GEWÜRZ	Quiche, Gurken
WACHOLDERBEEREN	Sauerkraut, Marinaden, Saucen
ZIMT	Polenta, Süßspeisen

WEITERE PRODUKTE AUS DEM WUWEI VERLAG

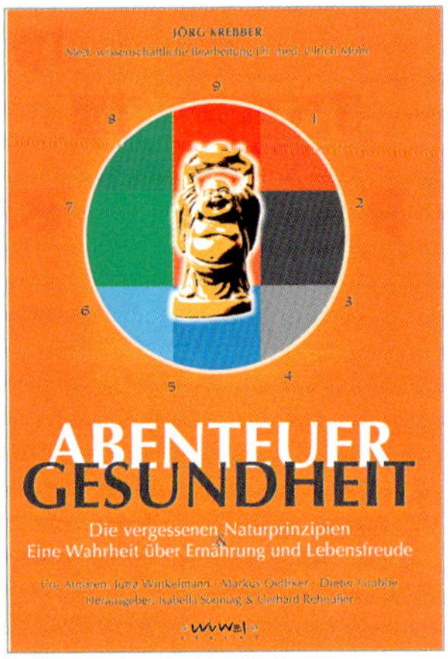

„Schluß mit dem Gesundheits(un)wesen" sagen sechs Autoren in diesem Werk, die sich mit einer Kombination aus Fünf-Elemente-Ernährung und mehr Gefühl für die ur-eigenen Bedürfnisse von Rheuma, Gicht, Krebs, Neurodermitis befreit haben. Viele kulinarisch-gesunde Rezepte lassen Sie direkt in die Praxis einsteigen: „Krankheit ade!"

Ein Buch, das sich dem Eid des Hypokrates widmet: „Eure Nahrung soll Eure Medizin sein."

ABENTEUER GESUNDHEIT · Preis: 32,– Euro · ISBN 3-930953-11-0

Völlige Freiheit bedeutet bedingungslose Bewusstheit, frei von den Fesseln unserer Konditionierungen und der Tyrannei der Vergangenheit. Sie bedeutet, frei zu sein von den Begrenzungen, die das Gefängnis des Denkens gebaut hat. Wahre Freiheit heißt, frei zu sein vom Denkzwang, sie ist keine gedankenlose Blindheit, sondern völlige Bewusstheit, frei von den Begrenzungen, die uns vom Denken aufgezwungen werden. Ashok Gollerkeris Essays sind in diesem Buch eine Auswahl von 400 geschriebenen und finden mittlerweile Leser in über 40 Ländern. Preis: 14,80 Euro · ISBN 3-930 953-12-9

ALLE BÜCHER AUS DEM WU WEI VERLAG ERHALTEN SIE IN IHREM GUTEN BUCHHANDEL

Für die beiden Autoren dieses außergewöhnlichen und kunstvollen Buches Isabella Sonntag und Ralf Nemeczek ist unternehmerisches Engagement in der Vorstellung begründet, dass Menschen ihr Vergnügen entdecken und dann lernen, ihren Impulsen zu folgen. So kann das Business zum Abenteuer werden. Jenseits von Manipulation und Verbalkarate plädieren die Autoren dafür, auf die innere Stimme zu hören und die eigenen Talente zu entdecken.
Preis: 42,- Euro · ISBN 3-930 953-04-8

Wir brauchen keine anderen Menschen, die uns unser Herz zerschießen. Wir machen das mit uns selbst – tagtäglich. Weil wir keine Verbindung mehr zu uns selbst und damit auch nicht mehr zu anderen Menschen haben, ist Freude nur kurzfristig unser Gast. Unsere Lebensqualität wird durch die Qualität unserer Beziehungen bestimmt. Sind sie schwer, schwierig, anstrengend, kompliziert oder leicht, einfach, freudvoll und erfüllend?
Preis: 42,- Euro · ISBN 3-930 953-06-4

Das Ende von richtig und falsch. Das Ende von gut und schlecht. Das Ende der Trennung vom Leben. Der Anfang der Orientierungslosigkeit. Das Design des eigenen Lifestyles. Es geht nun um die Kunst, sich selbst im alltäglichen Leben zu erleben. Den eigenen Weg zu gehen und genießen. Verstehen mit dem Kopf tun wir sehr viel. Leider ist Verstehen der Trostpreis im Leben. Der Hauptgewinn ist Fühlen und Spüren.
Preis: 42,- Euro · ISBN 3-930 953-07-2

Die ultimative Herausforderung für all diejenigen, die fest dazu entschlossen sind, ihr Leben in vollen Zügen zu genießen und es aktiv in ein aufregendes Abenteuer zu verwandeln. Dieses Buch besteht aus verschiedenen Inhalten der ABENTEUER TRILOGIE und deren praktische Umsetzung. Die Anregungen in diesem Buch sind so spektakulär unspektakulär, dass man fast schmunzeln möchte. Doch eines ist sicher: Setzt man diese Anregungen einmal um, dann befindet man sich im Abenteuer pur.
Preis: 9,90 Euro · ISBN 3-930 953-10-2

ODER ÜBER DIE VERLAGSAUSLIEFERUNG SILBERSCHNUR: TEL. +49 (0)26 87-92 90 01

Die Worte in diesem Buch sollen dazu beitragen, dich und uns an unsere Größe zu erinnern. Es soll eine sanfte Erinnerung daran sein, worum es geht: Erkenntnis ist der Schlüssel zu deiner Freiheit, und Freiheit ist dein Schlüssel zur Liebe, und die Liebe der Schlüssel zu all deinem Glück, das dann unermesslich ist. Das ist die Reihenfolge auf dem Weg in den Himmel. Ohne die Liebe wirst du ihn nicht finden. Ohne deine Freiheit wirst du die Liebe nicht verwirklichen. Und ohne Erkenntnis wirst du nicht frei werden.

HAUPTSACHE LIEBE · Preis: 19,90 Euro · ISBN 978-3-930 953-88-2

Jorg Krebber: „Nichts ist schlecht, alles ist gut, wenn ich weiß, wie ich es ausgleiche!" Bringe deine Ernährung in Einklang und die Balance überträgt sich auf Gesundheit, Wohlbefinden, Leben. Gleiche den Wert zwischen den Basen und den Säuren sofort aus, denn die täglich aufgenommene Nahrung hat selten den richtigen Wert. Das Handbuch zur Sünde beinhaltet viele praktische Krebber-Tipps zu vielen „sündhaften" Lebensmitteln: von Pommes Frittes über Bratwurst und Nutella bis hin zur Leberwurst.

HANDBUCH ZUR SÜNDE · Preis: 9,90 Euro · ISBN 978-3-930953-15-8

Der siebenjährige Leon ist zu Besuch beim Kaltenberger Ritterturnier. Durch einen unglücklichen Zufall gerät er in den Körper des bayerischen Ritters und damit aus der Gegenwart in eine fantastische Welt dem ewig währenden Kampf um Gut und Böse. Gemeinsam mit den anderen Rittern soll er nun das Königreich von Ferror, dem schwarzen Feuerritter, befreien. Keiner der anderen ist jedoch in der Lage, gegen den mächtigen bösen Ritter Stand zu halten. Dann ist Leon an der Reihe, gegen Ferror zu kämpfen. Wird er es schaffen?

DER FEUERRITTER · Preis: 19,80 Euro · ISBN 978-3-930953-35-8

Das Tao des Equus bedeutet wörtlich „der Weg und das Wesen des Pferdes", wobei die heilenden und transformierenden Qualitäten des Wesens „Pferd" im Vordergrund stehen. Die Interaktion mit diesen Tieren kann einen immensen therapeutischen Effekt zeitigen, sowohl körperlich, geistig und spirituell; es kann den Menschen helfen, lang vergessene Fähigkeiten zur Heilung der Ungleichgewichte, die durch das moderne Leben verursacht werden, wieder erwachen zu lassen.

DAS TAO DES EQUUS · Preis: 26,– Euro · ISBN 978-3-930953-21-9

ODER ÜBER DIE VERLAGSAUSLIEFERUNG SILBERSCHNUR: TEL. +49 (0)26 87-92 90 01

Literatur-Verzeichnis zum Thema „Chinesische Ernährung"

Ernährung nach den Fünf Elementen
B. Temelie · Joy Verlag

Die Fünf Elemente Ernährung für Mutter und Kind
B. Temelie, B. Trebuth · Joy Verlag

Das Fünf Elemente Kochbuch
B. Temelie, B. Trebuth · Joy Verlag

Das Yin und Yang der Ernährung
B. Flaws · O.W.Barth Verlag

Chinesische Heilkunde für Kinder
B. Flaws · Joy Verlag

Chinesische Diätetik
Engelhard / Hempen
Urban & Schwarzenberg

Bibliografische Information Der Deutschen Bibliothek
Die Deutsche Bibliothek verzeichnet diese Publikation in der Deutschen Nationalbibliografie.
Detaillierte Bibliografische Daten sind im Internet über
http:// dnb.ddb.de abrufbar

ISBN 978-3-930953-13-4

2. Auflage, 2008-09-02

GENUSS OHNE REUE

Autoren:
Jörg Krebber: www.nahrungistmedizin.de
Eva Matzke: www.5elements-4you.com
Susanne Peroutka: www.tcm-5elemente.at
Sabine Knoll: www.loschberghof.at

Herausgeber: Isabella Sonntag: www.wu-wei-welt.com
Gestaltung: Die Werberei, Sabine Gistl: www.diewerberei.net
Rezepte: Eva Matzke, Susanne Peroutka, Veronika Krizsán
Fotos: Daniel Lindlbauer, Iconotec.com, Digital Vision,
Litho: medienservice farbsatz, München
Druck: FINIDR, Cesky Tesin

Über die Autoren

JÖRG KREBBER

Jahrgang 1947, ist ein Mann mit der unschlagbaren Begabung, große Zusammenhänge verstehbar zu machen und auf den Punkt zu bringen. Diese Fähigkeit setzt er ein, um sein in langjährigen Asienaufenthalten erworbenes umfassendes Wissen über Ernährung als Medizin im Einklang mit den Fünf Elementen einer breiten Öffentlichkeit zugänglich zu machen.

Organisation der 5-Elemente-Seminare und -vorträge mit Jörg Krebber & Eva Matzke in NRW / Nord-Deutschland:
Beate Habrock · Ernährungs- und Gesundheitszentrum Meerbusch · Tel.: +49 (0)21 32-96 01 43 · Fax: -13 00 40
E-mail: beate.habrock@onlinehome.de

EVA MATZKE

Jahrgang 1952, ist eine Frau, von der ein Seminarteilnehmer sagte, sie wäre eine „Zauberfee". „Eine Fee, die die Menschen praktisch anleitet, den goldenen Schlüssel zu finden, den Körper als Tempel ihrer Seele zu aktivieren. Dazu zelebriert sie die Komposition der Fünf Elemente im Essen mit einer Leichtigkeit, Freude und Umsetzbarkeit, dass es für mich zur Selbstverständlichkeit wurde, die 5-Elemente-Küche in meinen beruflichen Alltag zu integrieren."

Eva Matzke ist medizinisch geprüfte ganzheitliche Ernährungsberaterin. Seit nunmehr 30 Jahren beschäftigt sie sich mit den Gesundheitsthemen Ernährung, Psyche und Fitness.

SUSANNE PEROUTKA

Jahrgang 1950, ist hauptberuflich Ernährungsberaterin nach TCM, Vortragende und Ausbildungsleiterin für TCM Ernährung an der Wiener Schule für Traditionelle Chinesische Medizin (WSTCM). Seit 2004 hält sie auch Vorträge über TCM, Ernährung und Kräuter an der Donauuniversität Krems. Durch Reisen nach Asien lernte sie verschiedene Aspekte der fernöstlichen Lebensweise kennen. Dies war der Auslöser für ihre berufliche Veränderung. Ihre Grundausbildung der 5-Elemente-Ernährung erfolgte bei Barbara Temelie. Darüber hinaus absolvierte sie mehrere Studienaufenthalte an der Universität für TCM in Chengdu/China einschließlich medizinischem Praktikum. Die weitere Fortbildung in TCM, Diagnostik, Diätetik, therapeutisches Kochen, westliche Kräuterkunde erfolgte u.a. bei Claude Diolosa, Francois Ramakers, Eva Moosheim, Jeremy Ross etc. 1994 eröffnete sie ihre eigene TCM-Ernährungsberatungs-Praxis in Wien. Von 1997 bis 2000 war sie Vortragende bei den Ausbildungskursen von Barbara Temelie, anschließend an der WSTCM in Wien. Im Rahmen ihrer Praxis konnte sie auch spezielle Erfahrungen im Zusammenhang mit der Ernährung bei verschiedenen Krankheiten sammeln. Unter anderem brachte sie ihr Wissen am Allgemeinen Krankenhaus Wien in der komplementären Ambulanz für KrebspatientInnen ein.

SABINE KNOLL

Jahrgang 1966, ist Magistra der Publizistik- und Kommunikations-wissenschaften, Nebenfach Theaterwissenschaft, und arbeitet seit 1985 als freie Journalistin (ORF-Radio, Fernsehen, Printmedien), Autorin, Moderatorin und Seminarleiterin. Ihr inhaltlicher Schwerpunkt liegt auf „Wellness" im Sinne von ganzheitlichem Wohlbefinden und Gesundheit. Als Bücher erschienen bisher: „Die Dorn-Methode" (Mosaik bei Goldmann) und „Reisen ins Licht – Geschichten aus anderen Welten" (Solaris Spirituelle Edition). Sabine Knoll lebt und arbeitet im Waldviertel (Niederösterreich), wo sie den Seminarbetrieb „Loschberghof" leitet, und vermittelt dort unter anderem ihr schamanisch inspiriertes „Schreiben in Trance" und „Reiki & Schamanismus".